「生徒指導部」から「生徒支援部」へ

ぬくもりのある学校をめざして
分掌からはじめる実践

逸見峻介 著

学事出版

はじめに

今、生徒指導は大きな転換点を迎えています。

学校教育の歴史を紐解くと、生徒指導の見直しは、これまで何度も何度も行われてきました。特に校則はその話題の中心です。生徒会活動が盛んになっていた時期や、社会問題となるような痛ましい事件、校内暴力の多かった時代など、様々な変遷を経て、現在に至っています。学校・社会の在り方など時代によって、生徒指導には様々なものが求められてきました。

そんな中、ここ最近、生徒指導に関するトピックが今までにないような盛り上がりを見せています。

2017年には大阪で黒染め強要訴訟問題が発生し、「ブラック校則」という言葉が一般化しました。2023年には、兵庫県でコーンロウの髪型が認められず卒業式に出られなかった問題が社会で注目を集めるなど、生徒指導関連の報道も多くされています。

このような中で、2022年以降、生徒指導提要の改定、こども基本法の制定、こども家庭庁の発足とこども大綱の作成……学習権や意見表明権などのこどもの権利、セクシャルマイノリティなどをはじめとする多様性や人権意識の高まりとともに、本当に多くの出来事が起こっています。

さらにSNSの普及により、情報が簡単に手に入る時代になり、校則のデータベースも作成され、他校との比較も簡単にできる時代です。生徒も保護者も知識や繋がりがあるため、学校は「ルールだから！」とゴリ押しするだけでは解決しない段階に来ています。人権感覚に乏しい言動に対しては、メディアやSNSなどで指摘が入るようにもなってきています。

実際に、合理的な根拠に乏しく形骸化した校則はかなりの数があります。見直したいのに、見直すことができていないという教員の苦しむ声も多く耳にします。

また専門職であるスクールカウンセラー（SC）・スクールソーシャルワーカー（SSW）・スクールロイヤーなどとの連携が進み、多様な生徒へ**「チーム学校」**として対応することが増えてきています。生徒を取り巻く社会も大きく変化し、特別な支援が必要な生徒やいじめの認知件数も増加し、不登校も30万人を超えるとのデータが示されています。

世は、まさに**「生徒指導における転換期」**です。

さらにそれだけではありません。学校もこれまでにない転換期を迎えています。

2020年2月、コロナウイルスの拡大により、学校は一斉休校となりました。その際には、学校に行く意味、教員の存在意義は何かという大きな問いが投げかけられました。オンライン授業が世間で一般化し、学びの多様化も進みました。さらに人口減少に伴う学校の統廃合、教員不足による教育現場の疲弊、「○○教育」という言葉の増加による学校への過度な期待など、様々な問題が起こっています。それらは、生徒たちにも大きく影響します。これらの問題に対して、現場で奮闘する教員も数多く存在しますが、教員・生徒のウェルビーイング（精神的・社会的に満たされた状態であること）が十分ではない状態になってしまっているのではないでしょうか。

世は、まさに**「学校の転換期」**にも差し掛かっています。

さて、そんな大大大転換期に、私たちには一体、何ができるのでしょうか？

これらのことに対応する１つの手段として、私は**生徒指導体制の見直しが有効である**と思っています。生徒指導は教員と生徒、そして社会を繋ぐ大事な教育活動です。学力や地域を問わず、ありとあらゆる場で必要不可欠であり、同時にまだまだ多くの課題が山積している領域です。この生徒指導にこそ、転換期を乗り切るヒントがあると私は考えています。

私は勤務校である埼玉県立新座《にいざ》高校で２０２２年度に生徒指導部の主任として校務を担当しました。勤務校では、先生たちの地道な教育活動が行われてきましたが、見直されずに旧体制のままになっているものが多くあり、改革を望む声が多方面から出てきていました。

そこで、社会の風潮を鑑みながら、生徒指導体制の見直しを進めました。様々な学校の取り組みを参考にして、一連の改革に伴い、２０２３年より**生徒指導部を新たに「生徒支援部」と改称しました**。これまでの生徒指導の良い部分を継承しつつ、生徒の自立に向けて「支援」をする組織として再スタートを切ることができました。現場の先生たちと対話を重ね、力を借りながら、民主的で対話的な風通しの良い分掌、生徒と教員のウェルビーイングが十分な職場環境、そしてより良い学校づくりをするために試行錯誤をしてきました。

また私は学校をボトムアップで変えていくプラットフォームＮＰＯ法人School Voice Projectの理事として、民主的でインクルーシブな学校を目指して活動をしています。さらに、校則見直し活動を通じて、学校に対話文化を広めようとしている認定ＮＰＯ法人カタリバみんなのルールメイキングの関東地域パートナー・教員アンバサダーとしても活動をさせてもらっています。その他、教育関連のイベントや、生徒指導関連の研修などでも有難いことにゲストとして講演依頼を頂き、全国の先生たちと一緒に学ぶ機会を得ることができました。これらの学校外での活動を通じて、生徒指導に関わる人たちの様々な葛藤や、素晴らしいチャレンジと出会い、多くのことを学ばせてもらいました。そういった人たちの試行錯誤や、自分の勤務校での校務運営など、私が感じたことも含めて、本書に書かせていただきました。この本が今後の学校現場がより良いものになるための一助になればと思っています。

埼玉県立新座高等学校教諭
逸見　峻介

目次

第1章

生徒「支援」とは？

生徒「支援」とは？

生徒支援を語る前に、皆さんに1つ質問をしたいと思います。

生徒指導というと、あなたのイメージはどのようなものでしょうか？

おそらく「生徒指導＝問題行動への対処、頭髪・服装指導」など正しい方向に直す矯正的な指導や、厳しく取り締まるといったイメージを持つ人が多いのではないでしょうか[i]。しかし、イメージしてみてください。本当に生徒指導は問題行動への対処や、頭髪・服装指導だけでしょうか。生徒指導の対象は、問題行動をする生徒だけでしょうか。

現代の社会は、多様性に溢れています。学校にも問題行動を起こす生徒もいれば、友人と関係を作るのが苦手で、教室の隅でじっとしている生徒、逆にじっとしていられない生徒、学習に困難を抱えた生徒など、様々な生徒がいます。特別支援的な観点の重要度も高まっていますし、不登校など複雑な問題を抱えた生徒たちも多いです。教員が関わっている生徒は問題行動をする生徒だけではありません。それぞれの発達段階や特性に応じた関わり方は、教育現場には必須です。ただ単に厳しく取り締まれば良いという発想では、多様な生徒に対応するのは困難です。

また問題行動の対処だけではなく、それまでの信頼関係の構築や予防的な指導、問題行動後のアフターケアなど、教育活動はそれ以外の時間も含まれます。きっとみなさんも、長期的・包括的に関わることの重要性を感じているのではないでしょうか。

2018年7月に告示された高等学校学習指導要領の総則にも生徒の発達支援については、以下の通りに記述されています。（一部抜粋）

学校教育において、生徒指導は学習指導と並んで重要な意義をもつものであり、また、両者は相互に深く関わっている。各学校においては、生徒指導が、一人一人の生徒の健全な成長を促し、生徒自ら現在及び将来における自己実現を図っていくための自己指導能力の育成を目指すという生徒指導の積極的な意義を踏まえ、学校の教育活動全体を通じ、学習指導と関連付けながら、その一層の充実を図っていくことが必要である。

ここで注目するのは、生徒指導は学習指導や、学校活動全体と関わっているということです。生徒指導は問題行動への対処だけではありません。**生徒指導は、「全生徒」を対象**

にしたものであり、「日常的」に実施されるものなんです。

この考え方は、生徒の側から考えてみれば、もっと話は単純です。生徒は先生たちをとてもよく見ています。普段の授業をはじめとした学校生活の中で、あの先生はどうか、この先生はどうかなどと、様子を見ながら行動しますし、教員の顔色を伺ったりすることもあるでしょう。また生徒は、1日のうちに教員とそこまで多く話すことはありません。もちろん時と場合にもよりますが、話したとしても、挨拶や出欠確認、授業の中でのやりとりや部活、それ以外の多少の雑談くらいが一般的です。1日のうちにほとんど教員と話さない生徒もいます。そうなると、教員のちょっとした言動が、生徒との関係に大きく影響する可能性があります。クラスや授業などの日常の中で行われる小さな活動の積み重ねは、そのまま大人に対するイメージへと発展しますし、学校全体の雰囲気にも影響します[ii]。

このように考えると、先生の振る舞いはいつ何時も生徒に影響を与えることがわかるでしょう。多様な生徒一人一人との普段の関わり方が、重要な役割を持ちますし、ちょっとした配慮や、一つの声かけも、生徒指導の一部と言えます。

私はこのような対話をベースにした「長期的・日常的」（予防、問題行動の対処、アフターフォローなどを含み、時と場合を選ばない）・「包括的」（対象はすべての生徒）な生徒指導のことを「生徒支援」と呼んでいます。

このような考え方は、２０２２年に改訂された生徒指導提要の中にも現れています。生徒指導提要には生徒指導について、以下のように定義されています。

生徒指導とは、児童生徒が、社会の中で自分らしく生きることができる存在へと自発的・主体的に成長や発達する過程を支える教育活動のことである。なお、生徒指導上の課題に対応するために、必要に応じて指導や援助を行う。

ここでも**「自発的・主体的に成長や発達する過程を支える教育活動」**と明記されています。生徒指導も、生徒を支えること、つまり「生徒支援」の方向へとシフトしていることがわかるのではないでしょうか。同様に生徒指導とは、決して問題行動への対処だけではなく、もっと長期的・包括的な狙いがあることも見て取れます。

「指導」と「支援」

そもそも、「指導」と「支援」という用語は、それぞれどのような意味を持っているのでしょうか。国語辞典『大辞林』には、以下のように示されています。

【指導】ある目的・方向に向かって教え導くこと。
【支援】力を貸して助けること。

ここで大事なことは、まず**主体の違い**です。指導は教員、支援は生徒が主体となります。学習指導要領などにも示されている通り、これからの教育は生徒たちが主体となり進められていく傾向があります。変化の激しい社会の中で、正解は時と場合によって、変わることもあります。教員は常に正解を持っている訳ではありません。「指導」という用語では、やや時代にそぐわない部分が出てきているのも事実です。

一方で「支援」という言葉の主体は生徒です。生徒たちのありたい姿になるためにサポートすることが支援の本質です。近年では、「主体的・対話的な学び」が重視されてい

生徒指導関係	教育相談関係
管理・秩序 指導・命令	生徒理解・人権
規律・矯正・躾	受容・共感
動物調教イメージ	植物育成イメージ
集団指導	個別指導
教える	育てる
壁になる	器になる

生徒指導と教育相談に存在してきた「対立構造」

ますが、これも同様に生徒を主体にする流れと言えます。私たちは、生徒たちの成長を見極めながら、生徒たちの状況を見取り、適切に関わっていくことが求められています。

また生徒指導については、これまでに様々な議論や、対立構造が存在してきました。わかりやすいものをまとめると、上記の通りです。左が生徒指導に関する部分であり、右側が教育相談に関するものです。

特に生徒指導と教育相談はこのように分断され、議論が行われてきました。ここで挙げている対立は、職場内での発言力にも影響したり、序列化のようなものに繋がってしまうこともあります。

教員には、様々な主義・主張を持つ人たちがいます。こういった主義・主張は、対立を生むこともあります。この図のように、取り組みや主義・主張が一般化され、「どちらが良いのか」という、いわゆる二項対立の図式で議論されがちです。哲学者・教育学者の苫野一徳氏は、教育の文脈において、自身の経験などを基に、どちらが良いかという議論だけに終始することを「一般化のワナ」と呼んでいます。

このような議論に向き合う際に、私たちが忘れてはならないのは、何を重視するのかは人それぞれで、多様な価値観が尊重されるべきという前提です。現場のリアルは、こんなに簡単に図式化することはできません。**生徒指導も教育相談も、どちらも大事ですし、どちらも学校には欠かせないものです**。対立概念でもありませんし、むしろ相互補完的で、本来は1つのものです。

そもそも、生徒指導という用語はアメリカの「ガイダンス&カウンセリング」の影響を受けており、「指導と相談」の2つの要素を兼ね備えています。また生徒指導は、戦前は「輔導」(補導)という用語が使われており「たすけ・みちびく」という意味合いを持っていたとされています。戦後、アメリカからの考え方が導入されたことで、ガイダンス&カウンセリングがベースとなりましたが、生徒指導と教育相談をそれぞれ分けて考える傾向に進みました。本来は1つの用語だったものが、二元論のようになってしまったことも構造的な問題だと言えるでしょう。このように「指導と支援」は切っても切り離せない大切な概念です。私たちは、これらのバランスを取りながら、生徒と関わっていくことが重要です。

「生徒支援部」に名前を変える意味

現在、日本の教育では「生徒指導」という用語、分掌名が一般的です。私は、この名称を見直しても良い段階に来ていると感じ、**勤務校の分掌名を「生徒支援部」と変更することにしました**。

ちなみに、子どもたちへの関わり方として「指導か支援か」という論争は、これまでずっと行われてきました。その他の類義語として「生活指導」や「教育相談」、「ケア」などもあり、どの用語が適切かどうかは、議論が続いています。もちろん分掌の名前をどれにするかは、それぞれの価値観です。本質的には大きく変わるものではないので、名前を替えることは「看板替えにすぎない!」という指摘もあるでしょう。

ただ、私はこれらの議論をさらに先に進める必要があると考えています。

これまで積み重ねられてきた生徒指導の研究や現場での実践には、重要な意義があり、敬意を払う必要があります。

しかし、これまでの教育活動の中で、指導の過度な重視、管理偏重の傾向が止まらず、時に深刻な問題に発展し、生徒や教員などが深く傷つくことが、何度も何度もありました。これまでの指導には、まだまだ改善点があるのは紛れもない事実です。これをなんとかして食い止めることはできないのかと、私もずっと頭を悩ませてきました。時代も変わり、生徒も多様化し、求められるものも変わってきました。生徒指導提要でも生徒指導のあり方の変革がこれまで以上に必要であると述べられています。生徒指導は、やはり大きな転換期に来ていると言えるのではないでしょうか。

この生徒支援の考え方は指導自体を否定するものではありません。厳しく指導しなければいけないケースは学校現場では数多く存在します。実際のところ、生徒たちがありたいと望む姿がいつも正解であるとは限りませんし、当然教えなければいけないことや矯正などが必要な事案も数多くあります。私も現場にいる身なので、その難しさや複雑性などについても理解をしています。

ただ、これらの様々な議論があることを承知で、**私は「生徒支援部」に名称を替えるこ**

とには、これ以上の意味があると感じています。

厳しく指導しなければいけないことも**「支援」であるという認識があるとないとでは、生徒への対応もかなり異なってきます。**生徒指導はこれまで起こってきた問題が示すように、管理偏重になりやすい傾向を持っています。教育には様々な手法があり、その間に優劣をつけることはとても困難です。しかし、管理偏重な指導は、これまでの歴史の中で何度も問題となってきました。

また学校は人事異動もあるため、生徒指導の見直しが仮に行われたとしても、それがまたすぐに管理偏重に戻ってしまい、トラブルが生まれるということも、残念ながら多々あります。もちろん、人事異動がさらに組織にプラスに作用することもあります。しかし、特に私が勤務する公立学校などは、異動も多いため、組織が長期のビジョンを持って継続的に運営をしていくのは、なかなか難しい状況です。このような現状の中では、生徒指導は次の段階に進むことはなかなか難しいのではないでしょうか。

生徒指導はこれまでの問題と結びついてしまい、用語として本来の意味と異なる「マイナスの言葉」として使われることもあります。例えば「生徒指導のある学校、ない学校」という言葉です。よく聞く言葉ですが、ここで言う生徒指導とは、生徒の問題行動のこと(懲戒などの指導措置案件・特別指導の略など)を指します。略語として使っているだけなのかもしれませんが、本来、生徒指導という用語が意味するものは、前述した通り生徒の成長のための教育活動全体に関わる営みです。このような現状では、生徒指導の本質をつかむことは困難です。コロナ禍や不登校の増加をきっかけに、教育の様々な選択肢が増えてきた現代の社会は、様々な転換期に差し掛かっており、学校の教育もこれまで通りという訳にはいきません。生徒指導は教育活動の中でも大きなウエイトを占めています。生徒指導のボタンのかけ間違いは、今後、絶対に防がなければいけません。

その点、長期的・包括的な生徒支援は「対話」を前提とした関わり方を重要視しています。そのような視点があると、言葉がけ1つ1つでさえも、多様性や人権への配慮、生徒の個性を尊重する方向にシフトしていく可能性があります。

現代の社会において、**この「生徒支援」という言葉は、これまでの生徒指導のあり方を見直し、より良い教育活動を行うためのきっかけになると私は考えています**。この生徒支援という考え方は、生徒指導が本来持っていた特色などをさらに際立たせることができます。生徒指導本来の原点に戻り、組織体制を見直すことや、新たなフェーズへと私たちを進めることができるでしょう。実際に、管理的指導からの転換、生徒の自治活動・自治的な空間の創出を目指す試みが生徒指導の領域以外でも様々な文脈で試みられてきました。生徒支援部への改称は、これらの取り組みを組織運営にも活かしていくものです。

名称を変更することは、その年度だけでなく、その後も継続して意味を持ちます。教員が異動した後も、管理偏重に戻り、トラブルが起こることを防止する一助になる可能性もあります。もちろん、生徒指導の本来の意味をきちんと捉えて、取り組んでいる先生たちも全国にはたくさんいらっしゃるでしょう。しかし、そのように生徒指導に詳しい人たちばかりかというと、そうではないのも事実です。保護者なども、子どもに関わる生徒指導体制などに不安を感じている人たちも多いです。生徒支援と改称する事は、学校としてのスタンスを伝えることも可能です。名称変更は、看板の入れ替えではあるかもしれませんが、それ以上に内外に大きな影響・価値をもたらすと私は考えています。

実際のところ、**この「生徒支援」への名称変更は、現在急速な勢いで広まっています。**全国的にも生徒支援部への名称変更の事例は数多くあります。これは、このような問題意識を持っている人が多く存在することの表れでしょう。

またこの名称変更は、**組織のアイデンティティは何なのか、どんなことを目標として活動するのかという議論にも繋がる**点でも意味があります。実際に私たちの勤務校では、名称変更が私たちにとって、日々の教育活動が何のためのものなのかを考えるきっかけになりました。ここには、さらなる大きな価値があると感じます。勤務校での改革は、ゼロから独自に進めたのではなく、様々な全国の事例などを参考にさせてもらいました。私たちが取り組んだ内容の遥か先を歩んでいる学校も本当にたくさんあります。**現場では、生徒指導はかなり変わってきています**。そういった変化の兆しがあることもぜひ知っていただけたらと思っています。

ここまで名称についての議論を重ねてきましたが、いずれにしろ教育内容の充実は必須です。名称の変更は、改革の中心である木の幹でもありますが、それだけがメインではなく、一連の改革の枝葉の1つでもあります。**名称変更だけでなく、名実ともに前に進んでいかなければ意味はありません**。

もちろん、生徒支援もこれまでの生徒指導同様に、どのようなスタンスで支援をするのかという課題もありますし、支援偏重になってしまっては意味がありません。そういった意味でも、今後も見直し、さらなるアップデートは必須です。

生徒指導体制の見直しは、すぐにでも進める必要があります。ルールメイキングのように生徒と共に見直しを丁寧に進めることができれば、生徒の成長にも繋がるので、それができるのがベストな方法です。しかし、時間もかかるため、困っている生徒たちがいたり、生徒の人権が侵害されている状況なのであれば、一刻も早く見直しを進める必要があります。生徒たちが手の届かない部分にもまだまだ課題があります。できることは迅速に進めていくことが求められていると思います。高校生たちが高校生でいられる時間は限られています。困っている生徒たちを救うためにも、すぐにでも行動することが必要でしょう。

そして、その背後にある学校組織をより充実させて、学校の教育力を向上させることが求められています。今後も社会情勢や生徒の状況に応じた見直しなどが、ごく普通にいつでもできるような**民主的で対話的な組織を作っていくこと、そしてより良い学校を作っていくことが最大の目的だと私は思います**。これまでの生徒指導体制を見直しながら、私たちは何が生徒たちに必要なのかを考え続け、まだまだ対話を続けていく必要があります。

なぜ「生徒支援」が必要なのか

① 子どもを取りまく社会の変化

なぜ生徒支援が必要なのか、それは前述した通り、**変化の激しい社会**に答えがあります。

現代の社会は、人権がこれまで以上に重要視されるようになりました。ジェンダー平等を求める声や、セクシャルマイノリティの社会的な認知が進みました。多様性を重視する傾向は、とても強くなり、特に若者たちはジェンダー意識などについても敏感です。

教育界だけでなく、スポーツや芸能界などでも、いじめや不適切発言などの人権侵害などがメディアを通じて明るみになり、人権などに対する問題意識もこれまで以上に高まってきています。企業などが社会的なルールを守ることを意味するコンプライアンスも一般的な用語になり、社会全体が人権に対して敏感になってきました。

さらにSNSが一般化し、誰でも必要な情報が簡単に手に入るようになりました。インターネットの検索だけでなく、SNSで検索をして学んだり、定期的に情報を得ている人たち、発信する人たちも増えてきています。社会問題について自分の思ったことを簡単に発信できるようにもなり、それに「いいね」などといったリアクションもすることができるようになりました。

また全国の校則を有志がまとめた校則データベースも作成されています。2021年に現役高校生(当時)の神谷航平氏が作成した**「全国校則一覧」**などが代表的な事例です。このウェブサイトでは、全国の都道府県立高校1700校を超える校則を見ることができます。神谷氏は同年8月にこの取り組みで、Forbes JAPAN 30 UNDER 30(日本発「世界を変える30歳未満」)にも選出され、注目を浴びました。

また1人1台端末なども進み、ほとんどの生徒が、スマートフォンやタブレットを持っています。生徒が教員とのやり取りの中で「録音」をするケースも増えてきました。その行動の是非はここでは論じませんが、生徒が教員のちょっとした発言などを拾い上げ、簡単に指摘ができるようになりました。これまで以上に教員の指導は難しくなってきていると言えるでしょう。

情報収集も簡単、他校との比較も簡単、そして自分で発信もできてしまう、気づいたら良い意味でも、悪い意味でも、そんな時代になりました。私たちは、これらを前提とした生徒指導の在り方を考える必要があります。

②　子どもに関する制度の変化

このような社会の変化は制度にも影響を与えています。子どもに関する制度が整備され、生徒指導体制にも大きな影響を与えています。日本では、子どもの意見を尊重することなどを原則とする**「子どもの権利条約」**を1994年に批准しました。しかし、国内の既存の法令と重複部分があることや、法令化に伴う社会混乱の懸念から、国内での法令化は進んでいませんでした。

しかし、近年、この法令化が急速に進みました。特に2022年以降、大きな変化が数多く見られました。

同年6月には、**「こども基本法」**が公布されました。こども基本法は、社会を担うすべての子どもや若者の権利を擁護し、将来にわたって幸福な生活を送ることができる社会の実現を目指して、国や自治体など社会全体が「こども施策」を推進するための基本事項をまとめた法律です。この法律では日本国憲法や児童の権利に関する条約に基づき、すべての子どもが大切にされ、基本的人権が守られ、意見を表明する機会や社会的活動に参画する機会が確保されること、またその意見が尊重され、こどもにとって最善の利益が優先されること、支援・整備が十分に行われることを基本的な理念としています。

国はこの理念に基づき、2023年4月に**「こども家庭庁」**を新たに設置しました。こども家庭庁は、子どもの最善の利益を第一に考え、「こどもまんなか」をスローガンに掲げた行政組織です。このこども家庭庁が中心となり、12月には**「こども大綱」**が閣議決定されました。こども大綱は、子ども・若者や子育て当事者のため、子ども施策を総合的に推進するための「こどもどまんなか社会」実現に向けて定められたものです。

このこども大綱には、「ライフステージ別の重要事項」の「学童期・思春期」の項目に、校則についての記述があります。記載されているのは以下の通りです。

校則は、各学校がそれぞれの教育目標を達成するために、学校や地域の状況に応じて、必要かつ合理的な範囲内で定めるものであり、校則の見直しを行う場合にはその過程でこどもや保護者の関係者からの意見を聴取した上で、定めていくことが望ましいことから、学校や教育委員会等に対してその旨を周知するとともに、各地の好事例の収集、周知を行う。

このように、こどもの権利に関する重要な項目として、校則の見直しやその意義の周知などが挙げられています。後述する生徒指導提要にも**こどもの権利の4つの一般原則（差別の禁止、子どもの最善の利益の保障、生命・生存・発達への権利、意見表明権）**が明記されたことも話題になりました。今後の教育を考える上で、こどもの権利はとても重要です。特に一般原則の4つ目の意見表明権は学校生活にも大きく関わってきています。子どもには声を上げ、その声が尊重され、意思決定に参加する権利があります。子どもの声を代弁する行為である**「アドボカシー」**（adovocacy：擁護・支持などの意味）などの言葉も広まってきました。学校生活における校則の見直し活動や、学級活動、生徒会活動などの民主的な活動など、様々な場面で子どもの声が尊重されることが不可欠になってきています。

教員がこどもの権利を理解するためには、「こどもは未熟で指導しなければならない存在」という一面的な子ども観を変えていく必要があります。子どもたちは権利主体であることを念頭に入れ、教員が指導していく立場から支援していく立場へと転換していくことが求められています。なお、子どもたちの意見表明は、決して立派な意見を求めると言うわけではなく、それぞれの感情を表したり、相談したりする機会の保障などの意味合いを含んでいます。もし、子どもたちが自己中心的な意見を持っていたとしても、それを表明し、対話していく中で、その意見の偏りに気づくこともあります。まずは子どもたちの意見を表明する機会の確保が喫緊の課題です。

これまでは子どもたちに意見を聞かなくても、なんとか学校は回せたかもしれませんが、今後はそうはいきません。学校や教員によっては、生徒にアンケートなどを実施することもあると思いますが、その重要度はどんどん高まっています。もちろん子どもの声を聞くと言っても、すべて子どもたちの声通りにするという意味ではありません。様々な立場からの意見を、まずは聞き、それらを吟味・調整していくことが重要です。このように、子どもたちを権利主体として認めた上で、教育活動を進めていくことが求められているのです。

生徒指導提要の改訂

そして、現場に特に影響を持つのは2022年12月に改訂された**「生徒指導提要」**です。ご存じの方も多いと思いますが、生徒指導提要とは、小学校から高校までの生徒指導の理論・考え方や、指導方法について、時代の変化に即してまとめたもので、教員や学校間で共通理解を図り、組織的・体系的な取組を進めることを目的に作成されました。今回の12年ぶりの生徒指導提要改訂では、生徒指導観が大きく変化し、これまでの改訂よりもかなり注目を浴びました。

生徒指導提要では、**生徒指導の目的**は、以下のように定義されています。

児童生徒一人一人の個性の発見とよさや可能性の伸長と社会的資質・能力の発達を支えると同時に、自己の幸福追求と社会に受け入れられる自己実現を支えることを目的とする。

ご覧の通り、生徒指導提要によると、ただ単に問題行動への対処や規範意識を持たせることだけが目的ではなく、自分らしさや自発性・社会性、幸福追求と自己実現など、広い範囲を視野に入れていることがわかるでしょう。

生徒指導は問題行動の対処（「リアクティブ」と呼ばれます）や服装・頭髪指導などだけでなく、**日常の場面すべてに関わる**と明記されています。生徒指導の構造も分類され、特定の生徒だけでなく、**すべての生徒を対象としています**。問題行動が発生する前の予防的な指導（「プロアクティブ」と呼ばれます）や、発達を支える指導なども明記されました。

これらが明記されたことは、とても画期的な出来事です。これは前述した長期的・包括的な指導である「生徒支援」とも重なる部分と言えるでしょう。

さらに校則見直しについても、以下の通りに記述があります。


校則に基づき指導を行う場合は、一人一人の児童生徒に応じて適切な指導を行うとともに、児童生徒の内面的な自覚を促し、校則を自分のものとしてとらえ、自主的に守るように指導を行っていくことが重要。教員がいたずらに規則にとらわれて、規則を守らせることのみの指導になっていないか注意を払う必要がある。

校則の指導が真に効果を上げるためには、その内容や必要性について児童生徒・保護者との間に共通理解を持つようにすることが重要。そのため、校則は、入学時までなどに、あらかじめ児童生徒・保護者に周知しておく必要がある。その際には、校則に反する行為があった場合に、どのような対応を行うのか、その基準と併せて周知することも重要。


学校を取り巻く社会環境や児童生徒の状況は変化するため、校則の内容は、児童生徒の実情、保護者の考え方、地域の状況、社会の常識、時代の進展などを踏まえたものになっているか、絶えず積極的に見直さなければならない。

校則の内容の見直しは、最終的には教育に責任を負う校長の権限であるが、見直しの際には、児童生徒が話し合う機会を設けたり、ＰＴＡにアンケートをしたりするなど、児童生徒や保護者が何らかの形で参加する例もある。

このように、社会の風潮や制度の観点から見ても、生徒指導体制や校則の見直しが重要になってきていることが様々な点からもわかるのではないでしょうか。そして、校則の見直しについては、生徒たちの様子を鑑みて、必要な立場の人たちと丁寧な対話をしていくことが求められています。

私は認定ＮＰＯ法人カタリバのみんなのルールメイキングというプロジェクトで、地域パートナー・教員アンバサダーとして校則見直しを通じた対話文化の醸成を目指す活動を行っています。みんなのルールメイキングのスタンスはとても大事な示唆を私たちに与えてくれています。それは、**校則を見直すことを目的にしていない**ことです。もちろん校則見直しは急務ですが、近視眼的な観点ではなく、校則を「題材」にして、より良い学校を作るために対話文化の土壌を作ることを最大の目的としています。校則は、一度変えても、また社会や生徒が変われば、変わり続けることが必要です。それを可能にするのは、学校に様々な意見を取り入れて変革ができる民主的で対話的な組織運営です。この**対話文化の醸成**こそが、学校には必要です。現に、このルールメイキングは2019年にスタートしましたが、2023年には、全国に300校を超える学校が実践校として活動を行っています。この広がりを見ていても、いかに校則の見直しが社会の大きな流れなのかがわかるでしょうし、同時にまだまだ課題が山積していることもわかるでしょう。現在は総合的な探究の一環で、校則を見直す活動をテーマに選ぶ生徒たちも増えてきました。社会が大きく変動していく中で、「探究」の文脈でも校則の見直し活動は広がっています。

私たちは、この校則見直しだけに留まらない民主的・対話的な組織づくりへと、丁寧に、そして着実に歩みを進めていくことが求められています。それが生徒指導に関わる人たちのミッションなのだと感じています。

生徒指導の現在地は
――陥りがちな5つの誤解

生徒指導の現状としては、近年の社会の変化を踏まえた改革が進んでいるところもありますが、地域や学校によってかなりの差があります。

例えば、改革が進んでいない学校や生徒指導上の問題が起こりやすい学校は、以下のような5つの誤解をしていることが多いです。

1つ目は**「生徒指導は一部の人が担当するもの」**という誤解です。

生徒指導は校務分掌の1つなので、その人たちだけにお任せしていたり、丸投げしてしまうということが多々あります。大きな問題については、それで良いかもしれませんが、前述した通り、日常の学習指導やHR活動、日頃の小さな出来事や相談など、すべての教育活動は、生徒指導の一部です。生徒指導はあらゆる教育活動に根ざしています。生徒指導が一部の人に丸投げになってしまっては、教員の負担も偏りが生まれますし、一丸となった指導・支援をすることはできません。また生徒が生徒指導部の教員と相性が合わないケースもあるでしょう。様々な教員が積極的な声がけなどをすることで、生徒の成長はさらに進んでいくものです。

生徒指導に苦手意識を持っていて、1歩引いてしまっているという教員も一定数いるでしょう。もちろん得意・不得意はあって当然です。ですが、自分が生徒指導の一翼を担っているという認識がないと、学校全体の教育力は低下します。生徒からすれば、生徒指導部の教員たちもそれ以外の人たちも同じ教員です。教員の行動は生徒たちに影響するので、生徒指導はみんなが担当している認識を持つことが、「チーム学校」としての大事な視点です。

また生徒指導部の教員も、使命感を持ち「私がやらねば！」と気負い過ぎてしまうと、視野も狭くなり、失敗することも多いです。同様に、担任が自分だけで抱え込むことも危険です。情報の集約・共有も個人だけで抱えるのではなく、チームとして丁寧に連携していくことが重要です。教員の多忙化の中で、担当しなければいけない業務は他にも山ほどありますし、生徒たちの行動を常に見ることは当然できません。必要な情報は丁寧に共有をすること、教員団から様々な知見や情報を集約していくことは、間違いなくプラスになります。

現在の生徒の状況はとても複雑になってきています。教員だけでは解決できないことも多くあります。ＳＣやＳＳＷ、スクールロイヤーなどの専門職が生まれ、チーム学校として生徒に関わることの重要性が高まってきていることは明白です。

このように様々な人の力を借りて民主的に進めること、そして自分1人で決めるのではなく、対話をしながらチーム学校でより良い方法を探っていくこと、そういった組織や風土を作っていくことが重要です。


2つ目は**「生徒指導は厳しく指導しなければいけない」**という誤解です。

問題行動に厳しく対処することはもちろん重要です。時に学校現場では、生徒のケガや人権に関わるような事件が起こることもあります。生徒も人間なので、時に自分を守るために自己中心的な主張をしたり、ウソをつくこともあります。そういった行動には、厳しく対応しなければならない時もあります。

このようなイメージが強いので、「厳しくしなくては！」と考えてしまう教員も多く存在します。「大きな声を出さなきゃいけない……。強い言葉を使わなきゃいけない……。」と思っている人も多いでしょう。よく「生徒たちの雰囲気を締めければいけない。舐められたら終わり。」などのような言葉を耳にします。もちろん毅然とした態度や、壁を作ることは時には必要かもしれません。しかし、これらは表現として人間関係にそぐわない、とても寂しい言葉です。教員のパーソナリティは、人によって違いますし、生徒の状況も変わります。常に厳しくしなければいけないきまりなど、どこにも存在しません。教員は真面目な人が多いので、そういったことを良い意味でも、悪い意味でも一生懸命やってしまっています。無理して頑張ってしまっている教員もきっと多いのではないでしょうか。学校は構造的な問題を抱えており、苦しみながら指導している人も多くいます。かく言う私も、同じようなことを過去にしてしまい、苦戦した記憶があります。当時は、気持ち的にも、しんどさを抱えていたなと思うばかりです。

しかし、生徒指導には様々な形があります。前述した通り、そもそも生徒指導にはガイダンス&カウンセリングの機能があります。強く注意するだけが生徒指導ではありません。力で押さえつけるだけでは、たとえその場のトラブルは一時的に解決したとしても、生徒たちの反発は止まらず、別の問題に繋がることも多々あります。

学校では、「あの人は厳しくできないから、生徒指導ができない」という発言を聞くこともあります。厳しくすることは時に必要ではありますが、それは生徒指導の本質を捉えていません。このような発言は職員室内の分断を生み、学校の教育力を低下させます。もし苦手な人がいれば、チームとして別の人が対応すれば、何の問題もありません。

生徒と接する際には教育相談や、特別支援的なアプローチも必要です。それも生徒指導の一部です。発達障害的なケースもあり、厳しく指導しても、その意味を生徒が理解できないこともあります。指導の場は、トラブル発生時だけではありません。普段の声かけも指導の1つです。普段の何気ない関わりも大事ですし、言い方、タイミングなども、指導には様々なバリエーションがあります。様々な役割があっても良いんです。**あなたが担うことができる役割はきっとあります**。最終的に生徒の行動の改善や、人間としての成長に繋げることができれば、たとえどんな関わり方だって素晴らしいですし、価値があるんです。

現場では、まだまだ厳しく、強く指導するというイメージが根強く残っています。それによって発生する行き過ぎた指導は、撲滅しなければいけません。この誤解は、大きな課題として解決すべきだと感じています。

3つ目は、**「生徒が校則を守ることを通じて、我慢を覚える」**という誤解です。

学校生活は、集団行動です。生徒たちにとって、確かに我慢を必要とする場面はあるので、我慢をすることを覚えるというのは、わからなくはありません。教員生活をしていると、このような我慢を目的とした説明がなされることが多々あります。さらに、学校を卒業した後の社会人になると、さらに自分の思い通りにならないから、きちんと我慢をすることを学ぶべきと指導の際に説明していることもあります。

この「我慢」という言葉は、多くの場合で、学校の校則や社会は変わることはないという前提の下で、校則に従い、管理するために用いられていると私は感じています。我慢で済ますのではなく、もっと違う道を考えても良いはずです。学校生活の様々なものに意味を持たせることは可能ですし、これらの行動も積極的な行動に変えるチャンスになると私は考えています。

例えば、校則に不満があるのであれば、生徒会を通じて見直しの提案をしてみてはどうでしょうか。教員や友人などにアンケートをとってみたり、他校調査をするなど、探究的に校則見直しについて取り組むことを促すことも可能です。

また、生徒が校則を守ることができない背景があるのかもしれません。「我慢」という言葉を使うと、そういった次のステップへ進む可能性を閉ざし、生徒たちの声をかき消すことになってしまうかもしれません。これでは校則見直しは一向に進みません。学校は、これからの未来を作っていく若者を育てる教育機関です。ルールに対して、ただ単に従うだけの人間ではなく、必要に応じて主体的に権利を主張し、現状に合わないルールを改訂していくことも必要な力です。当然、これからの社会人生活で生徒たちがルールを作る側に回ることもたくさんあるはずです。

「ルールを守る子が良い子である」という認識も、時と場合によっては正解にも、不正解にもなります。ルールを見直していく経験は、生徒の将来にプラスの経験になります。そういった状況を踏まえて、適切にルールを見直していくことこそ、これからの社会に必要な力と言えるのではないでしょうか。

同様に、「社会は理不尽だから、校則はそれに耐える練習である」という言葉もよく耳にします。社会に理不尽な部分があり、時に耐えることが必要なのは否定しませんが、学校はそれに合わせて常に理不尽である必要はありません。さらに、その理不尽さをきちんとした手続きで変えていくことは真の「生きる力」だと言えるでしょう。それこそが本当に必要な力なのではないでしょうか。

このルールを自分たちで変えていく力については、データでも日本の課題として現れています。それは公益財団法人日本財団が2024年2月に実施した**「18歳意識調査」**です。この調査では日本・アメリカ・イギリス・中国・韓国・インドの若者各1000人（17〜19歳）に「国や社会に対する意識」を聞いたところ、日本は、「自分の行動で国や社会を変えられると思う」という人は45・8％でした。これは6カ国中最下位で、全体の平均65・4％を大きく下回る結果となりました。この質問には、日本の美徳とされる「謙遜の姿勢」が現れていると言う意見もありますが、ここまで低いことは、教育にも課題があるのではと私は思ってしまいます。

このように、校則は我慢させるものではなく、必要に応じて、主体的に変えていけるもの、**ルールは作れる**ということを教育で示すことが、これからの日本を作っていく若者たちへの大切なメッセージになるのです。

4つ目は、**「全員が校則を守ることができたら、校則を見直してもあげても良い」**という誤解です。

この言葉は、見直しをしないための手段として、よく聞く言葉です。校則を守ることができたら、次のステージに進むというような、いわゆる「ご褒美主義」・「達成主義」的な発想と言えるでしょう。

確かに、できていないのに、次には進めないという論調には一理あるように聞こえます。ですが、本当にそれは正しいのでしょうか?

まず考えたいのは、「校則を全員守ることができたら」という点です。これは3番目の誤解の「校則は我慢を覚えるもの」という発想ともリンクします。

変化の激しい社会情勢、多様な生徒たちにとって、校則を守ることがかなり困難なケースがあります。わかりやすい事例で言えば、日本に滞在する外国人は、2023年時点で、320万人を超えています。外国にルーツを持つ生徒たちがどんどん増えているボーダレスな社会では、文化的な背景も多様です。こういった社会情勢を前提にしていない校則は、マジョリティ中心で、マイノリティの排除を進める危険性があります。

これは校則に限った話ではありません。多様性を前提とした状況の中で、文科省は「個別最適な学び」などの重要性を唱えており、それぞれの特性を考慮した教育活動を進めようとしています。ここからも分かるように、そもそも社会に合っていない校則を全員が守ることなんて、できるはずがありません。このように「全員が校則を守ることができたら」という前提に大きな誤解があることが分かるのではないでしょうか。

さらに、校則を見直すことを「ご褒美」的に捉えていることにも大きな誤解があります。これでは、達成するために、校則を守れていない生徒たちに我慢や同調圧力を強いる可能性があります。例えば、様々な背景があり校則通りに物事を進められない事情があった場合、達成するために周りに無理やり合わせる生徒が出てくることもあり得るでしょう。そのような状況では、「みんなに迷惑をかけないように」などと自分を押し殺し、我慢して、人の目を気にして生活をしなければいけません。さらに、マイノリティに対してマジョリティ側が守るように圧力をかけたりすることもあるかもしれません。それでは、マイノリティをさらに苦しめてしまう可能性があります。達成するために、多少の犠牲はやむを得ない的な方向に進む危険性があることも分かるでしょう。

またこの発想では、校則が変わらないのは生徒たちに責任があると考えることになり、校則や自分たちの組織そのものの体制を見直すことには繋がりにくいです。責任の所在を生徒に押し付けることになり、自分たちの問題を棚上げする危険性もあります。このような発想では、より良い学校組織を作ることは困難です。

校則見直しはご褒美的なものではないですし、達成・未達成問わずに、積極的に推進していくことが必要です。

5つ目は、**「現在、生徒からの申し出がないので、問題は起こっておらず、校則を見直す必要はない」**という誤解です。

現代は、多様性の時代です。学校にもセクシャルマイノリティや外国にルーツを持つ生徒など、様々な生徒たちが存在します。生徒たちにとって、教員に自分のアイデンティティに関わる重要なことを伝えて、制度の見直しを求めることは、とてもハードルが高い行為です。もちろん、それができる生徒も一定数います。しかし、他の生徒たちの目や、教員に伝えることの億劫さや、リスクなどを考えて、申し出まではしないケースが大半です。私も生徒たちとの雑談の中で出てきたことを「それ生徒会の目安箱に入れてみたら？」と伝えたことがありますが、「めんどくさい」とか「目立つのは嫌だ」などと生徒たちも答えることが多くありました。教員サイドへの申し出は、かなり様々な忖度が働きますし、学校の構造的に本音が出にくいのが現状です。またSNSなどを通じて、生徒たちは様々な情報をキャッチすることができるため、古い体制の制度や校則にはとても敏感です。たとえ申し出がなくても、不満を持っている生徒たちは一定数います。私も生徒たちに話を聞いていると、生徒たち自身の出身中学校の方が、改革が進んでいるというケースがかなりありました。小・中学も校則見直しを進めている素晴らしい学校はたくさんあります。高校の〝時代遅れっぷり〟に不満を持っている生徒たちもたくさんいるでしょう。

ちなみに校則の見直しの要望が強いことは、データでも明らかになっています。前述した日本財団が2023年に全国の男女10〜18歳の子どもたちを対象に実施した**「こども1万人調査」**では、こども大綱で取り組んでほしいこと・こども担当大臣にお願いしたいことについて、小学生・中学生の1位、高校生4位に「学校教育の内容や規則の見直し」がランクインしています。全体では1位の「教育費の無償化」に次いで、2位になっています。なお全体の3位も「こどもの意見の尊重」なので、校則見直しにも関わる内容とも言えるでしょう。

また、ツーブロックや下着の色など、メディアで取り上げられた問題は、かなり改善が進みましたが、社会で話題にならないと、なかなか見直しが進まない現状もあります。メディアに取り上げられていなくても、様々なケースで生徒たちは苦しんでいるんです。外部からの指摘の前に、問題がある可能性を探らなければ、健全な学校運営には繋がりません。表面上はうまく回っていても、必ずどこかで綻びが出てしまいます。

実態としては学校に不満を持っている生徒は潜在的に数多く存在します。現代の社会に合わない校則に対して生徒たちも保護者も、そして教員の中にも不満を持っている人は多いです。私もそうですが、教員も納得がいかない校則を指導するのは、メンタル的にもかなりしんどいです。教員も同様に忖度をして、なかなか見直しを求める意見を言いにくいということもあると思います。

また、こどもの権利の一般原則の1つである「意見表明権」の観点からも、生徒の声は申し出を待つのではなく、積極的に聞いていく必要があります。生徒に対する校則に関するアンケートの重要度も高まっており、もし今後実施しなければ、学校の信頼度低下を招くことでしょう。生徒たちの声を聞かないと、生徒たちの不満は別のところに繋がり、新たな問題を引き起こす可能性もあります。

このように校則が見直されない状態が続くと、学校内に分断が生まれ、機能不全に陥り、トラブルはさらに複雑化します。これでは、結局のところ負担は大きくなってしまいます。校則の見直しは、生徒指導体制の見直しにも地続きにリンクしています。分断が大きくなれば、生徒指導部の信頼の低下を招きます。そして教員からも分掌として希望されない「貧乏くじ」のようになってしまう可能性があります。そんな悲しい状態になる前に、これらを絶対に食い止めなくてはなりません。

校則見直しは、必要になったらするのではなく、積極的にしなくてはならないものです。見直さないと様々なところで、軋みが生じてしまいます。また見直す仕組みなども早急に整える必要があります。校則見直しは、緊急性があり、必然性があることが見て取れるのではないでしょうか。

自治体や学校によっては、これらの誤解などつゆ知らず、組織的に生徒指導体制の見直しを進めているところもあるでしょう。しかし、まだまだ未着手な学校も数多く存在しています。文科省や教育委員会も、改善をするために様々な通達を学校に出していますが、それぞれの学校の裁量権が大きいため、現場での改革は、現場が変えていかなくてはなりません。文科省や教育委員会の強制的な通達を待つ「受け身の姿勢」ではなく、現場の私たち教員が「主体的に」気づき、知恵を出し合い、そして実際に行動をしていく必要があります。**学校現場は、ボトムアップで変えていける余地がまだまだあります。**諦めてはいけません。

生徒たちの学校生活の時間は短く、1日1日はとても貴重です。青春時代はあっという間に終わってしまいます。そんな時期を、学校への不信感を持った状態で過ごしていては、充実した学校生活を送ることはできないでしょう。私たちも勇気を持って、一刻も早く改善を進めなくてはいけません。生徒指導体制の見直しは、まさに「待ったなし」の状態です。

学校はこうあってほしい、「3つの願い」

前述した「5つの誤解」が時代の変化と共に徐々に明るみになってきたのに対して、私は生徒指導部の主任になる以前から、学校はこうあってほしいという「3つの願い」を持っていました。

1つ目は、**学校は「民主的な場」であってほしい**という願いです。

これは私が社会科教員であることの影響が大きいのですが、民主的な社会を作ることは、私たち教員の究極の目標だと考えています。

教育に関わる重要な法律である**教育基本法**は、第1章の教育の目的を次のように定めています。

第一条　教育は、人格の完成を目指し、平和で民主的な国家及び社会の形成者として必要な資質を備えた心身ともに健康な国民の育成を期して行われなければならない。

このように民主的な国家及び社会の形成者を育てることは、教育の責務です。学校はその本丸です。学校こそが民主的な視点を育んでいく必要があります。

民主的な場には、それぞれの人権を尊重し、それぞれの声には力があり、その力によって社会は良くすることができる、という前提があります。前述したこどもの権利もそうですが、生徒たちは様々な権利を有しています。教員も生徒も同じ1人の尊い人間であり、学校、そして社会の形成者です。

この民主的という視点は、当事者意識を育むことにも繋がります。経済協力開発機構（OECD）はこれからの社会に必要な力の1つに**「エージェンシー」**（agency）を挙げています。エージェンシーとは、「自ら考え、主体的に行動して、責任をもって社会変革を実現していく姿勢・意欲」のことです。誰かのせいにして生きるのではなく、自分にできることを探したり、社会を必要に応じて変えていくことができれば、どこにでも対応できる「生きる力」の育成に繋がると私は思います。

民主的の対義語は、「独裁」です。独裁的な場では、誰かの命令に絶対服従し、それを覆すことはできません。それでは人間は思考停止してしまいます。そんな独裁社会を私たちは望んでいません。社会全体の歴史を見れば、独裁的な力は、戦争にも繋がりやすい傾向があります。

そもそも、民主主義を取り入れている社会において、私たちは個人の人権は尊重される必要があります。社会は自分たちで作っていくものであり、ルールなどは一方的に押し付けられるものではありません。ルールに対して私たちは、有機的に関わっていく必要があります。

現在の日本の最高法規は日本国憲法です。よく誤解されがちですが、この日本国憲法を守るのは、私たち国民ではありません。私たちは、国会議員などの立法権のある国家に向けて、私たちの人権が侵害されないように、憲法を守らせる立場にいます。そもそも、憲法のルーツは13世紀のイギリス王ジョンが課税をしようとしたのを貴族たちが食い止め、国王の専制から自分たちの権利を守らせるように約束させた大憲章（マグナ＝カルタ）であると言われています。これは、国王に不当なルールを作らせないように、貴族たちが王に約束をさせた歴史的意義のある出来事です。

これは、歴史的にもかなり古い事例ですが、近年、SNSの普及の影響もあり、このような国民の声が社会を動かしていく傾向が広がってきています。

例えば、2023年の秋には、私の住む埼玉県である法令が話題になりました。それは、児童虐待防止の文脈で出てきた、いわゆる**「虐待禁止条例」**（子ども放置禁止条例などとも言われています）です。経緯を簡単に説明すると、児童の虐待を防ぐために、子どもを1人にさせないなどの管理を徹底する条例が案として議会にかけられました。しかし、この法令は厳しすぎて、実生活に合わないと世論が猛反発し、関係者を中心にSNSなどを使って署名運動が行われた結果、最終的に撤回されることになりました。私自身も居住している埼玉県で起こった出来事であり、ハラハラドキドキしながら見ていましたが、この例は民主的にエージェンシーを持って行動した人たちが、社会を変えた事例の1つと言えるでしょう。

このように私たちは、国家が私たちの人権を侵害しないように監視する権利を歴史的に勝ち取ってきましたし、その精神は現代にも受け継がれています。ルールは、そもそも人権を守るために存在しています。自分たちで社会は作っていくものであり、社会に対して自分の意見を述べて良いことが、歴史的にも証明されています。ルールは上から降ってくるものではありません。そのルールの妥当性や組織の運営などについて意見を言う権利を私たちは有しています。民主主義は、独裁を防ぐための人類の叡智であるとも言えるでしょう。

同様に社会科教育の学問領域でも、このような社会を必要に応じて変えていく考え方が重要視されています。

社会科教育において、「市民的資質」の育成が大きな目標として掲げられています。1988年にアメリカ社会科教育学者のエングルとオチョアは、市民的資質の育成において、**「社会化」**（socialization）と**「対抗社会化」**（countersocialization）が必要であると提唱しました。「社会化」とは社会の一員として同化していくことを指し、「対抗社会化」は構成員の多様性を受け入れ、差異や対立を見える化して、既存のシステムや考え方に違和感を持つことであると言われています。平たく言えば、「社会の構成員としてのルールを守る意識を持ちつつも、ルールの奴隷にならずに、システムに疑問を持つことができる人間を育てる」と言い換えられます。批判的思考力についても重要性が叫ばれていますが、ずっと前から、こんなことが提唱されているんです。18歳で選挙権を持つ生徒たちには主権者としての責任も生まれます。私たち教員には民主的な社会の形成者を育てることが至上命題として掲げられているのです。

哲学者・教育学者の苫野一徳氏は、民主主義社会において、すべての人が**「自由の相互承認」**をすることがベースになっており、誰もが対等で、自由に生きる権利を有しているため、それを相互に承認していくことが民主主義の根幹にあると述べています。ここで話題にしているルールも同様で、お互いの自由を相互に承認できる権利を守るためのものだと言えます。学校はこれらを育むために、民主主義の観点を学校の真ん中に据えて、自分たちで学校を作っていく必要があります。

学校でも、間違った方向に進むと、自由の相互承認が行われず、独裁傾向に陥る危険性があります。例えば、「学級王国」などという言葉を聞くことも多くあります。もちろん教員が権力的に力を発揮させなければいけないこともあるかもしれませんが、それは時と場合によります。王国が作られるというのは、民主主義の方向とは逆の現象です。やはりこれからの教育機関にはそぐわない表現ですよね。

また、権利の観点で言えば、頭髪服装の乱れなどを指摘して、授業を受けさせないケースなどもあります。これもかなり状況にもよりますが、基本的には生徒が学校で学ぶ「学習権」の方が管理よりも上位概念になります。授業に出さないという選択肢を取る場合には、とても慎重に物事を進めなければ、生徒の人権を侵害してしまう可能性があります。現場では様々なことが起こるため、大変難しい判断となりますが、人権の尊重が上位概念であることを忘れてしまうと、別の問題に発展することも多くあります。私たちは、このような学校現場に必要な**法的知識**(リーガルナレッジ)についても基本的な内容は知っておくことが必要です。

独裁や力の行使ではなく、生徒たちに様々なものを委ね、共に場を作っていくことが学校には求められています。民主的な場をつくることができれば、生徒たちは自分で考え、主体的に行動することができるはずです。

このように私は、学校生活の様々な教育活動を通じて、生徒に民主的な場の大切さを感じてほしいと思っています。学校は、生徒・教員をはじめとして、保護者や地域の人たちなど、様々な人々が関わっている場です。それらの人たちは、力を持っており、それぞれの声が大切にされる権利を持っています。そういった力を適宜借りながら、様々な視点や意見を参考にして、学校を作っていきたいと私は考えています。生徒指導体制や校則ももちろんそうですが、それらに限ったことではなく、民主的な視点は、授業や学校行事なども含めた学校のあり方そのものにも関わる、とても重要なことなのではないでしょうか。

もちろん実現には時間を要しますが、これからの社会をつくる人を育てるためには必要なことです。生徒指導でも、このような民主的な視点を取り入れることができれば、必ず学校は良くなります。より良い生徒指導体制もつくることができるんです。

また同様に、**「学校の先生も声を挙げられているのか？」**という視点も大事な問いです。学校の先生たちも、年齢や立場などで、忖度をしてしまい、自分自身の意見や感情をなかなか表に出せないことがあります。多忙化の影響もあり、職員室にも対話が足りていないことも多いです。

よく校則見直しにおいて、「生徒の意見を聞くと、すべて通さなくてはいけなくなる。だから聞くのは良くない」と言う意見を耳にしますが、それは違います。生徒の意見を聞くことと同様に、先生たちの意見が反映されることも重要です。実際のところ、生徒たちの意見は本当に困っているので変えて欲しいというものから、ただ単にワガママ的なものや楽をしたいなどの主張まで幅広くあります。こういった提案はルールメイキングのプロセスのように継続的に丁寧なヒアリングや対話などを経て、リスクなどを考慮しながら進めていくものです。先生たちも学校の関係者なので、生徒と同様に大切にされるべき存在です。そのため、先生たちの意見も丁寧に聞く必要があります。学校全体のことを考えるのは、教員の仕事です。教員が大切にされ、声を出せる状況でなければ、健全な学校運営はできません。このことも生徒に関わる前に、まず教員たちが心に留めておきたい視点です。

全国の学校では、積極的に対話を学校に盛り込もうという動きも広がってきています。この生徒支援という考え方を活かせば、民主的でより良い学校を作ることができるのではないでしょうか。

2つ目は、**「対話」をベースにした信頼関係を作りたい**という願いです。

対話がない場には、信頼関係は生まれません。世の中には、教員に対して良いイメージを持っている生徒もいますが、逆に、悪いイメージを持っている生徒もいます。指導するだけでは、生徒たちとの信頼関係を作ることはできません。お互いのことを知り、考えや価値観を共有していく中で、少しずつ信頼関係は生まれます。

それは大人たちだって同様です。例えば、大人だって一面的な部分しか見ずに評価された場合、当然納得することはできません。日常的に対話をして、お互いに情報共有をしたり、それぞれの想いを聴き合ったり、行動の意図などを確認し合ったりなど、深い部分で対話をすることができれば、評価には納得がいくでしょう。大人だって、様々な意図があり、言い分があり、背景があります。対話することなしに、歩み寄ることはできないでしょう。

対話のない指導は別の問題を生む可能性も高くなります。問題行動があった場合は、特にその傾向が顕著です。それぞれの背景を聞かず、一方的な指導をしてしまうと、表面上は解決したかに見えても、問題が再燃したり、抑圧された不満が別の方向に転移してしまうことがあります。積もり重なったストレスは、何かのきっかけに爆発することも多いです。きっとみなさんも同様の経験などがあるのではないでしょうか。大人も子どもも同じ人間で、心の構造は基本的に同じです。

また、懲罰に頼る指導も同様に効果は薄いです。罰を受けたくないから、改善するというのは外発的な動機付けに過ぎず、表面的であり、生徒の真の反省には繋がりません。生徒たちの声を丁寧に聴きながら、何が課題なのか、どんなことを望んでいるのかなど、対話を通じて内発的な動機付け（心の部分）に働きかける改善がベストです。シンプルなズバッとした指導も効果がある場合もありますが、それはそもそも関係構築がうまくいっている状況の場合が多いです。車のハンドルにもハンドルを切った通りにすぐに動かない「遊び」（ゆとり）の部分があるので、急な方向転換にはならずに、運転を安全にすることができます。それと構造的には一緒です。丁寧に対話しながら、適切に指導を行っていくことはこれからの時代に必須なスキルです。この対話を重視する方法は、かなり私たちの労力を使います。時間をかけることが必要ですし、時には遠回りに感じることもあるでしょう。うまくいかないことも多いかもしれません。しかし、丁寧な対話を続けることで、信頼関係は強固なものとなり、次のステップに進む可能性は高まります。

このように対話をベースにした信頼関係を作っていくことが大事ですし、生徒指導体制もそういったものにしていきたいと私は思っていました。

3つ目は、**公教育はそもそも生徒を支える「ぬくもり」のある場でありたい**という願いです。

学校は社会の一部なので、社会の変化に大きく影響を受けます。例えば、近年、「コスパ」(コストパフォーマンス)や「タイパ」(タイムパフォーマンス)などという言葉が盛んに用いられるようになりました。コロナ禍の影響もあり、近年の教員不足や多忙化が進んだことで、様々なものが簡略化され、リソースが割けずに消えていくものも多くあります。産業界からの影響で、学校に市場原理もかなり入ってきており、効率化・合理化・成果主義などが重視されるようになってきました。「○○教育」という用語も非常に増えており、学校教育に様々なものが求められるようになってきています。

もちろん、それらの原理や風潮は、学校教育をさらにアップデートする可能性もありま す。学校を良くするためには必要な要素かもしれません。しかし、**本来の教育活動で育まれていくべきもの、学校に求められていたものは、もっとシンプルだったはずです**。それが人と人とが関わる「ぬくもり」だと私は思います。学校は教員や生徒、保護者や地域の人々などが関わることで生まれる面白さや、様々な可能性を持っています。それらはとても尊い価値があるものです。そういったあたたかい場を教員と生徒が中心となって作っていくことが、これまでも、そしてこれからも重要なのだと思います。

近年、学校運営もそういった生徒の居場所としての位置づけを重視した事例も多く存在します。学力至上主義ではなく、ゆるやかさや生徒の自主性に重きを置く傾向は、オルタナティブスクールや私立の学校を中心に増えてきています。不登校の生徒を対象とした学びの多様化学校の設置も広がっており、公立学校でもその傾向が強くなってきています。多様な生徒たちの人権が尊重され、共に学校生活を安心・安全に過ごすことができることは、これからの時代にも非常に大事な要素と言えるでしょう。

私は、古代中国の春秋・戦国時代を描いた原泰久氏の漫画である『キングダム』を愛読しています。この作品の中で、法律の専門家である李斯という人物は、法について議論をしていた際に、「刑罰は手段であって法の正体ではない！〝法〟とは願い！国家がその国民に望む人間の在り方の理想を形にしたものだ！」と述べています。学校のルールも、私は同じように考えています。学校のルールは、生徒を罰するためのものではなく、生徒の成長すべき姿、大事にして欲しいことなどが盛り込まれた「ぬくもり」のあるものだったのではないでしょうか。それが様々な要因で絡み合い、生徒を罰するために使われるようになってしまっていると思います。そもそも校則は法律のようなものではなく、道徳や行動規範を定めているものです。現在は、刑法的な要素が盛り込まれ、特別指導などの罰則についても入ることが一般的となっています。本来のルールが持つ意味を考える上で、この李斯のセリフには、学ぶべき点が多いと感じています。

校則も憲法的な要素が入っていくと、学校から生徒たちの権利を守ることにも寄与できるので、そういった側面も考えられると本当に可能性のあるものだと思います。

話を戻しますが、教員が生徒たちと関わることは、やはり生徒指導の領域です。生徒指導が良くなっていけば、必ず学校は良くなります。これらの背景を踏まえて、私は**ぬくもりのある生徒指導の組織体制、そして学校組織を作りたい**と考えていました。

次章で、私が勤務校で行った生徒指導体制の見直しを具体的に紹介していきますが、見直しにおける考え方も、この「3つの願い」が基盤になっています。まずは、実践を始める前、着任した時の学校の印象からお話しさせていただきます。

第2章

生徒を「支援」する取り組み

~埼玉県立新座高校での実践~

実践を始める前の学校の印象

私は高校地歴科の教員として、2013年4月から埼玉県に採用となり、初任校に8年間勤めた後、2021年4月に埼玉県立新座高校に着任しました。分掌は生徒指導の学年担当となり、生徒たちとは、主に生徒指導の面で接することが多くなりました。

私の勤務校に限ったことではありませんが、学校では様々なトラブルが発生します。多感な時期である若者を相手に仕事をしていますので、それはもう様々なことが現場では起こります。ルールをあえて破りたい生徒や、ギリギリを攻めたい生徒も多くいます。登下校を含む交通ルール、服装頭髪に関するもの、人間関係に関するもの、ネットトラブルなど、大小多種多様なトラブルが発生します。

私も立場上、トラブルがあった際には、現場にすぐに駆けつけ、生徒たちに事情を聞いたり、厳しい言葉をぶつけたりすることも当然ありました。

そんな教員生活をしていた中で、常日頃からずっと感じていたのは**「新座高校には熱心な教員と、様々な背景を持った生徒がいること」**です。

新座高校には、若手もベテランも含めて丁寧に生徒たちに接している先生たちが多くいました。当然、厳しく対処しなければいけない問題には教員一丸となって、厳しく対処しますが、特別な指導があった後には、担任や副担任などが生徒のフォローに入って、面談をしてカウンセリング的に話を聞いていました。そこでは、しっかり自分の事情を説明できたことや指導を受け止めたことを認め、適切な声かけをしながら話をしていました。指導が苦手な先生がいれば、誰かがフォローに入るし、担任の負担が大きくならないように注意して、教員を孤独にしないように複数で対処したり、適宜役回りを替えていました。とても組織的・有機的に教育活動を行っており、生徒たちの情報共有も日常的に行われていました。特別な指導があった場合のアフターフォローも非常に丁寧で、学年担当の教員で定期的に面談を行って様子を聞いたり、積極的に声かけをして長期的に生徒とあたたかく関わり続けていました。

また、遅刻をしてきた生徒への対応がとても素晴らしいと感じました。新座高校では遅刻をした場合は、職員室へ来るルールになっており、主に担当学年の教員が対応していました。入ってきた生徒に対して、一般的には「何やってるんだよ！」とか、「なんで遅刻したんだよ⁉」などと言ってしまうことが多いですが、新座高校の先生たちはまず**「おはよう」**、そして**「どうしたの？」**と対話を始めます。そして生徒の事情を聞いて、「体調悪いのによく来たね」という言葉をかけたり、必要があれば適切な注意を進めていきます。

いきなり大声で生徒たちを叱るのではなく、受容して対話をしながら、生徒たちに声かけをしていました。この遅刻対応のたった1、2分ほどのやりとりですが、とても愛に溢れていて、丁寧に対応している姿に私はとても感動しました。生徒と対話しながら、支援をしている姿が、すでにそこにあったのです。

　また新座高校は特別支援的な観点でも埼玉県の拠点校として教育活動を行っています。特別支援コーディネーターの教員を中心に、専門家を呼び、通級指導やソーシャルスキルなどを学ぶカリキュラムも充実しています。さらに以前に勤務されていた金子奨先生を中心として2009年に立ち上がった**「授業研究会」**という「生徒を見取る」ことを第一に掲げた研究授業が年間に4～5回実施されていました。[iii] このプロジェクトは、教育学者の秋田喜代美氏など、大学の教授も研究協力に入っており、現在も新座高校の代名詞のような取り組みとして根付いています。そこでは、教員は生徒たちを観察し、終了後には録画した映像を見ながら、生徒たちがどこにつまずいているのか、どんな支援が必要なのかなどを議論しています。そして、終了後には、担当の先生がこの研修で感じたことについてレポートを書くというシステムが出来上がっていました。高校の研究授業では教科の専門性をベースに、教材や教員の教授法などを中心に議論をしがちですが、このような生徒を見取るシステムがあるのはとても珍しいです。私自身も高校でこんなことができるとは思っていなかったので、初めてこれに参加した時に、とても感銘を受けました。生徒たちを見取る文化が、もうすでにそこにはありました。

新座高校に着任して、私も最初の1年間で様々なことを見学・経験させてもらいましたが、先人たちや今のメンバーが築いてきた**「とてもあたたかい文化」**が学校を纏っていることを肌で感じました。

そんな新座高校で生徒指導を担当することになり、様々なことを考えました。ニュースなどでピックアップされる問題の多い生徒指導とは、新座高校は違います。もっとこの**現場で丁寧に向き合っている先生たちの良い部分が、いろんな人に伝わっていったら良いのに、**と思っていました。

これまで私自身も、様々な教育関係者に会う機会があったのですが、多様性への配慮や、不登校の生徒の支援など、学校の内外で様々な支援を行っている人たちの話を聞き、多くのことを学ばせてもらいました。

また情報交換を行う際に、特に私立などに多いですが、学校や地域によって分掌の名前がかなり多様であることも知りました。例えば、小学校では生徒指導部は「生活指導部」

と呼ぶことが多く、中高でも進路指導部は「学習支援部」や「キャリアサポート部」など、呼ばれ方がそれぞれ異なっていました。

そしてその後、埼玉県の公立高校でも分掌名を変更した学校のことを耳にしました。それが埼玉県立志木高校の「生徒支援部」です。

志木高校は新座高校と同じ埼玉県の西部地区にある学校です。話を聞くと、分掌再編の一環で、生徒指導部・生徒会・特別支援などを統合し、新たに生徒支援部とすることが決まったそうです。生徒をさまざまな観点から見る必要があることを重視し、分掌名としてもこの流れを推し進めようとしたことが背景だそうです。この取り組みから大きなヒントを得たことが、最終的な決め手となりました。「生徒支援部」という名前に出会ったのも様々な人との対話がきっかけです。さらに調べてみると、沖縄県や兵庫県、その他地域に生徒支援部という名称にしている公立高校があることを知りました。これらを参考にして、私たち新座高校も改称を行いました。この改称は、現場から生まれてきた草の根の動き、ボトムアップ的に広まっている流れだと思います。この背景には、管理偏重を防ぎ、生徒たちのことを大事に考えている現場の先生たちの「ぬくもり」のある想いを見て取ることができます。

さて、このような素晴らしい新座高校ですが、完璧だった訳ではありません。当然、課題も多くありました。生徒指導体制は、**それぞれの教員の生徒への対応は丁寧なものの、厳しく取り締まって問題行動をなくすようなルールや体制がまだまだ根付いており、改善が必要と考えている先生たちも多くいました。**しかし、**先生たちも日々、目の前のことに精一杯取り組んでおり、なかなか指導体制を見直すことができていませんでした。**

そうした中で、2022年4月に着任2年目になる私が生徒指導部の主任になることが決まりました。そして、様々な改革を同僚の皆さんと協力して進めることとなりました。

具体的な取り組みの始まり――見直しの4つの観点設定

生徒指導主任として、私は次の4つの観点で見直しを進めました。

1：民主的で対話的な組織へ
2：ぬくもりのある組織へ
3：多様性と人権の尊重
4：働き方改革（選択と集中）

この4つの観点は私が以前より考えていた「3つの願い」をベースにしたものです。そこに社会情勢を踏まえた多様性・人権の尊重、そして喫緊の課題となっていた教員の多忙化解消を鑑みて、働き方改革も意識して進めました。ここでは、この観点に沿って、見直しした内容をお話しさせていただきます。

〈見直しの観点❶〉民主的で対話的な組織へ

まずは、1つ目は**「民主的で対話的な組織」**に向けた見直しです。様々な生徒・教員の意見を聞き、それらを活かすことができる組織、そして対話を通じて組織文化を見直し、より良いカタチを探究することができる組織を目指して、以下の見直しを実施しました。

「民主的で対話的な組織」をつくるための見直し

①教職員への「所信表明」 ▶P.072

見直し前		見直し後
生徒指導部は昨年まで 指導方針「4つの柱」を設定	▶	文言を追加し、**5つの柱に**

②研修資料の回覧・共有 ▶P.075

見直し前		見直し後
研修資料や主任向けの資料は 当事者のみ閲覧	▶	資料は**すべて回覧**する

③生徒指導部から教員へのアンケート ▶P.078

見直し前		見直し後
とらない	▶	12月に実施し、 1月以降に議論の時間を確保する

④誰でも提案ができる体制づくり ▶P.081

見直し前		見直し後
分掌運営への提案は 主任しかできない	▶	**提案書のフォーマットを作成**し、 誰でもできるように

⑤会議における対話的な要素の追加 ▶P.082

見直し前		見直し後
会議は協議・連絡事項のみ	▶	**「意見集約」の時間**を設け、 率直な意見を集める

⑥校則の一本化・明確化 ▶P.084

見直し前		見直し後
様々な資料に校則が点在し、 確認に手間がかかる	▶	校則を**1つの資料に**まとめて ホームページで公開

① 教職員への「所信表明」

新座高校では、年度当初の職員会議で、生徒指導部の主任から、分掌としての指導方針を説明する機会がありました。そこでは、生徒指導を行う目的・指導方針など、組織としての所信表明について話をしていました。学校では、指導の方針がわからずに教員たちが、空中分解してしまうケースが多々あります。最初にこういった指導方針を出すことは、教員間の相互理解をすすめる上で、とても重要です。勤務校の先輩教員たちが培ってきた良い文化だなと着任当初から思っていました。

私も主任になるにあたって、**次のような文書（一部改変）を資料として職員会議で共有しました。**

R4 年度　生徒指導部　「何のための生徒指導なのか？」

0．はじめに

新座高校に着任して 2 年目になりました。本年度から生徒指導部主任となりました、逸見（へんみ）と申します。どうぞよろしくお願いします。

新座高校は熱心な先生方と、様々な背景を持った生徒がいると感じています。まじめな生徒も多いですが、家庭環境が複雑で生活が乱れ、勉強に気持ちが向かない生徒たちも多く在籍しています。

しかし、忘れてはならないのは「安らぎがなく、気持ちのぶつけどころがない」という生徒の実情です。手のかかる生徒ほど、どうしようもない悩みも多く、これまで苦労を重ねてきてきた傾向があります。生徒たちは我々教員に対して「自分の話を聞いて欲しい。寄り添って欲しい」と思うことも多くあると感じています。

ユニセフが 1989 年に定めた**「子どもの権利条約」**によると、生徒たちは**「命を守られ、成長する権利」**を持っていると考えられています。私たち教員が、生徒たちの「命を守られ、成長する権利」を保障し、そして生徒たちがこれからの社会に必要な**「生きる力」**を育むこと、これらが生徒指導の目的であると感じています。

昨今のブラック校則問題や社会の実情、人権意識の高まり、生徒の多様化、指導の難しさ、働き方改革など、まだまだ課題は尽きませんが、**ただただ粘り強く、何度も指導を繰り返すことで「生徒の成長をあきらめない指導」をしたいと考えています。**生徒指導部も様々な点を見直しながら、生徒の実情を鑑み、生徒会や各分掌・学年との対話を重ねて進んでいきたいと考えています。至らない点がありましたら、どうぞご指導ご鞭撻をお願いします。本年度もどうぞよろしくお願いします。

■生徒指導部の５つの柱

1．生徒との対話を欠かさず、生徒の成長をあきらめない

2．報告・連絡・相談の徹底

3．職員全員と協力し、チームとして統一した指導を行う

4．厳しく粘り強い指導をするとともに、生徒や教員間のフォローアップを忘れない

5．民主的で、風通しの良い生徒指導部

職員会議で共有した、文書での「所信表明」（一部改変）

さらに、生徒指導部の5つの柱として、以下のものを設定しました。

1. 生徒との対話を欠かさず、生徒の成長をあきらめない
2. 報告・連絡・相談の徹底
3. 職員全員と協力し、チームとして統一した指導を行う
4. 厳しく粘り強い指導をするとともに、生徒や教員間のフォローアップを忘れない
5. 民主的で、風通しの良い生徒指導部

この資料には、私の生徒指導や生徒に対する想いを丁寧に書かせてもらいました。特に大事にしたのは、生徒たちの問題行動の裏には、様々な背景があることです。これらに対して新座高校の先生たちは丁寧に向き合っています。その精神を指導方針にも盛り込みたいと考えていました。

昨年度は4つの柱でしたが、4つ目の後半部分の**「生徒や教員間のフォローアップを忘れない」**、5つ目の**「民主的で、風通しの良い生徒指導部」**という文言を追加しました。

4つ目の部分は、生徒を注意しっぱなしにせずにその後のアフターケアなども含めて関わりを続けること、教員も生徒との相性や特性などを考慮しながら、助け合いの精神を

持ってチーム学校で動くことを心がけたいという思いから、追加を行いました。

5つ目の部分は、前述した通り、組織の見直しが進んでいない部分も多くあったので、社会情勢を踏まえて見直しを進めること、民主的な組織として、様々な人の意見を取り入れる構えがあることを宣言して、組織としての決意表明をさせてもらいました。

実際にこの所信表明は、多くの方に好意的に受け止めてもらうことができました。**生徒指導部も変わっていく雰囲気がある**などのご意見もいただき、嬉しくもありましたが、同時に身の引き締まる思いになりました。

② 研修資料の回覧・共有

生徒指導部には、様々な資料が届きます。新座高校にも、教育委員会からの文書、関連業者からの宣伝、啓発ポスターなど様々なものが届いていました。また地区別や全県の研修会、警察と連携する委員会など、様々な場所に教員は出張で赴いていました。

これらの資料や研修は、教員の大事な学びの機会です。しかし、多くの場合、これらの資料は主任など一部の教員の目に触れるだけで、それ以外の教員には届かないケースも多々あります。仮に口頭連絡で共有されたとしても、なかなか記憶には残りません。民主的な組織になるためには、情報の共有は必須です。情報量に差があれば、当然組織の中にもその差が現れるようになり、誰もが参画できるという民主的な組織の土台が崩れてしまいます。実は主任などが出席する研修などには、他校の情報交換などができる機会が多くあります。それらの資料を共有すれば、学校の組織体制を相対化することもできるため、非常に有益です。これらを主任だけが学んだとしても、教員全員のアップデートが進まなくては意味がありません。組織の力を高めていくためには、これらの資料を共有する必要があると私は考えました。

　新座高校の場合は、古典的な仕組みですが、クリップボードにまとめて定期的に回覧を行なっていました。学校によっては、共通のオンラインプラットフォームなどでもっと簡単にできると思います。この回覧システムを私はかなり意識的に実施しました。私も長く主任を務められない可能性もありますし、ベテランや若手の力をさらに引き出したり、メンバーの知識の底上げをする機会として活用しました。資料には毎回、ポイントを付箋でチェックして、メンバーが短時間でも見られるように最大限の配慮をしました。

　これも、メンバーたちからは好評で、**情報に簡単にアクセスできるようになりました。回覧資料を目にしたことで、希望研修などにも参加したいというメンバーも現れました。**私ではないメンバーが出張に行った場合も、共有するための準備をしてくれるなど、次第に組織文化として定着するようになりました。そういった意識も広まってきたことは、とても大きな意味があったと感じています。

実際の回覧資料

③ 生徒指導部から教員へのアンケート

学校によっては教育委員会や管理職主導、またはそれぞれの分掌などでアンケートを進めていることもあると思います。新座高校では、アンケートは全体では実施しておらず、分掌に裁量権がありました。私が主任をしていた当時、勤務校の生徒指導部では、教員に対するアンケートを5年以上も取っていないことがわかりました。5年もすれば、社会情勢は変化しますし、勤務している教員の顔ぶれも変わります。すぐに実施が必要だと判断し、アンケートを実施しました。

最大のポイントは、12月に実施したことです。以前のデータを見ると年度末に取っていたことがわかりましたが、実際のところ年度末にアンケートを取っても、2～3月は高校入試や教員の人事異動などが重なるため、見直しができる部分はほんの一部です。忙しい時期のため、見直しに使える時間はほとんどありません。教員へのアンケートを実施しても、答えられる余裕のある人もそう多くはありません。これらを踏まえて、前倒しで12月に実施することにしました。12月に実施し、締め切りを1月にすることで、冬休みの時間を回答の時間に充てることができます。そして、実際にそのアンケートをもとに次の年度に向けて、1月以降を議論の時間に使うことにしました。アンケートは名前を伏せた状態で、すべて職員会議で公開し、先生たちの課題意識などを共有しました。アンケートは、生徒指導部の先生たちにも意見があれば書くように促しました。私は、なるべく多くの人の意見を明文化することで、組織改革にも繋げていきたいと思い、こういった仕組みを作ることで、**少しでも先生たちの声を反映したい**と考えていました。これこそが民主的で対話的な組織のベースになったと思っています。

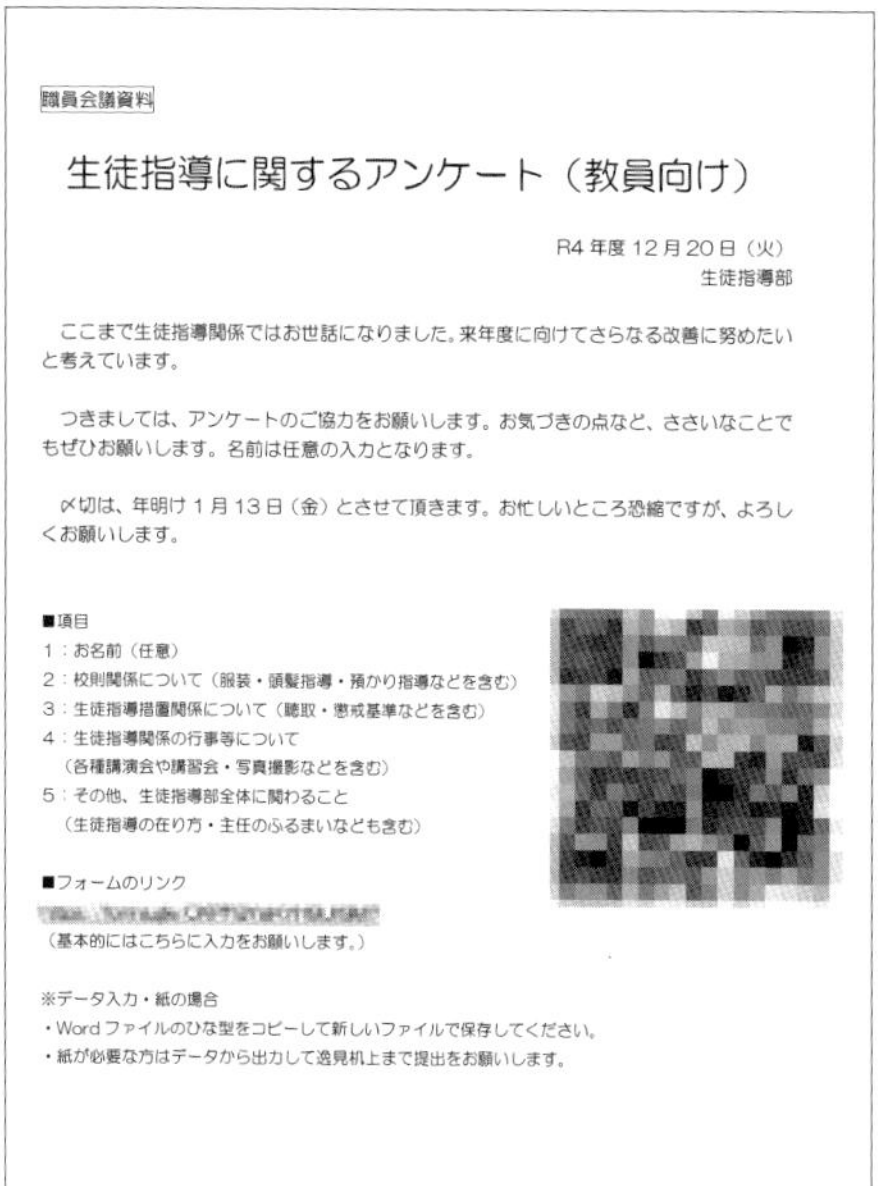

職員会議資料

生徒指導に関するアンケート（教員向け）

R4 年度 12 月 20 日（火）
生徒指導部

ここまで生徒指導関係ではお世話になりました。来年度に向けてさらなる改善に努めたいと考えています。

つきましては、アンケートのご協力をお願いします。お気づきの点など、ささいなことでもぜひお願いします。名前は任意の入力となります。

〆切は、年明け 1 月 13 日（金）とさせて頂きます。お忙しいところ恐縮ですが、よろしくお願いします。

■項目
1：お名前（任意）
2：校則関係について（服装・頭髪指導・預かり指導などを含む）
3：生徒指導措置関係について（聴取・懲戒基準などを含む）
4：生徒指導関係の行事等について
（各種講演会や講習会・写真撮影などを含む）
5：その他、生徒指導部全体に関わること
（生徒指導の在り方・主任のふるまいなども含む）

■フォームのリンク
（基本的にはこちらに入力をお願いします。）

※データ入力・紙の場合
・Word ファイルのひな型をコピーして新しいファイルで保存してください。
・紙が必要な方はデータから出力して逸見机上まで提出をお願いします。

アンケート実施時の実際の資料

この年度途中での実施は、アメリカの教育心理学者のブルームの**「形成的評価」**の考え方を参考にしています。ブルームが提唱した「完全習得学習」の中では、指導の成果を測るために、途中の段階で、評価をすることが重要視されています。これを「形成的評価」と呼びます。最終的な成果を測るためには、最後に行われる総括的評価をすることが一般的ですが、それ以前に組織体制を途中の段階でチェックし、軌道修正をしていくことが重要です。組織も同様で、終わってからではなく、先生たちの意見を聞きながら、軌道修正を日常的に進めることができれば、とても柔軟性のある組織になります。今回、このアンケートを実施することで、このような文化の定着にも繋げたいと考えていました。

実際に、この**アンケートでは様々な意見が出てきました**。服装や預かり指導、遅刻指導、特別指導の基準などルールの見直しの要望、服装などに関する教員間の温度差、講演会のゲストの選定基準、ジェンダーを踏まえた制服の見直し、生徒との日頃の関わり方、研修の要望など、本当に様々なことが意見として出てきました。中には、生徒と粘り強く向き合う必要性を語るような記述など、とても思いの溢れる意見もありました。

よくアンケートを取ると、「不満ばかり出てきてしまって逆効果だ」という声が出るため、実施できないケースもあると思います。

ですが、意見をもらえなったら、組織としての成長は難しいですし、このような変化の激しい時代を乗り切ることはできません。また様々な人の声を聞かないと、別の問題に発展する可能性もあります。アンケートを実施するのは、同僚への信頼の証でもあります。有効活用しない手はありません。**実際にやってみると、不満だけでなく、応援の声があったり、もっと良くなるためのヒントに満ちていることも多くあります。**

人の意見を聞くのは組織としても痛みを伴う行為ですが、その痛みこそ成長に繋がります。

先生たちは、多くの経験から様々な視点を持っています。このことをより深く理解する機会になりましたし、民主的な組織に近づく大きな一歩だったと感じています。

④ 誰でも提案ができる体制づくり

学校によっても異なりますが、分掌組織の運営は、主任が中心であり、提案をすることも主任にしかできないことが多いです。しかし、先生たちは上記のアンケート回答でも分かる通り、様々な知見を持っています。先生たちも提案ができる方が、学校がさらに良くなる可能性が高くなります。先生たちも気を遣ってしまい、提案のハードルが高くなってしまっていることもあります。私も皆さんの力を借りたいと考え、**提案書のフォーマット**

を作成して、誰でも活用できるようにしました。もちろん、主任だった私には会議の混乱を避けるために先に見せてくださいと伝えてありましたが、基本的には先生たちを信じて委ねてみました。

実際に、生徒指導部の先生から、遅刻対応の手順についての提案がありました。それは遅刻者の遅刻理由を教員が聞き取りながらカードに記入していたのを、生徒自身が書いて教員に渡すという流れにしたいという提案でした。教員がしてあげるのではなく、生徒自らやった方が良いという趣旨の意見でした。最終的に、この提案は分掌会議・職員会議を経て、採用されることとなりました。この提案は私も意識していなかったことだったので、とても勉強になったし、生徒たちの自立のための良いきっかけになったと感じていました。**提案をしてくれた先生も、「ずっとちょっと違うよなと思って、気になっていた」**と話をしていたので、この改革が少なからず、**その先生の後押しになった**ため、私もとても嬉しく思いました。

⑤ 会議における対話的な要素の追加

学校で行われる会議は、基本的に協議事項（審議・討議事項などとも言います）と連絡事項（指示・伝達事項などとも言います）の2つに大きく分かれます。協議事項では主に原案（たたき台）が出され、それをベースにして質問と意見などを聞き、議論をして決定を行います。連絡事項では、意見は聞かずに、主に決定事項を伝えます。

一般的にはこの流れが多いと思いますが、私はこの項目にさらに追加して、**「意見集約」**の項目を作りました。意見集約は、原案を作るためにみなさんから意見を聞くという項目です。原案が出てしまうと、人間はそれに従う傾向が強いです。そこで、原案を作る前に、みなさんの率直な考えを聞くという時間を作りました。例えば、生徒アンケートで出ていた「セーターを正装として認めてほしい」という意見について、原案を出す前に、みなさんの意見集約を行いました。意見集約は物事を決める時間ではないので、率直な意見を言うことができます。意見集約では、実施の賛否も含めて、予想される懸念点などについての意見を聞くことができました。そして、その議論をもとに、協議事項の原案を作りました。主任の提案からスタートではなく、【それぞれの意見→主任の提案→決定】というプロセスを取りました。この仕組みは議論に時間がかかります。しかし、すべてではないですが、みなさんの意見を反映することができるため、通常の場合よりも、民主的な意思決定が可能です。このプロセスがとても大事だと私は考えていました。もちろん、もし意見集約で「協議事項にする必要はない」という意見が強ければ、協議事項にはしませんでした。実際にそのような事例もいくつかありました。前述の一般的な会議の進め方よりも、みなさんの率直な意見を聞くこともできましたし、先生たちの発言量も多くなりました。意見集約を会議の項目として取り入れて、とても良かったと感じています。

このように**会議の進め方ひとつをとっても、様々な工夫ができる**と私は考えています。民主的で対話的な組織は、日常の会議から作っていくこともできるのではないでしょうか。

⑥ 校則の一本化・明確化

学校の校則は、一本化されていないことも多くあります。生徒手帳に書いておらず、クラス掲示や学年の資料だけに書かれているものなど、バラバラになっていることも多くあります。

実は新座高校もそうでした。1学年の最初に配られる資料だけに書かれていて、それを見ないとわからないことや掲示資料のみの校則などがあり、どこに何が書かれているかわからない状態でした。そのため、生徒がそれを知らず、問題を起こしてしまうケースもありました。実際のところ、教員もかなり混乱しており、確認に手間取ったり、引き継ぎがうまくいかないなど、なかなかスムーズに進んでいない現状がありました。このような状態では、教員は自信を持って指導することはできないですし、生徒が資料を見落とすことも当然増えてしまいます。

そこで、**点在する資料を集めてホームページに校則を一本化して、公開する**ということを進めました。これによりインターネットを使っていつでも、誰でも、どこでも、確認をすることが可能となりました。生徒たちも紙資料で配布されたものは、紛失をすることも多くあります。ネット上に公開されていると資料を紛失しても、問題なく確認できるようになるので、生徒たちにとってもプラスになります。

埼玉県では私が主任をしていた当時は、まだ近隣の学校は校則の公開をしていなかったのですが、いち早く進める必要があると思っていました。

理由は上記のバラバラ状態の解消だけでなく、生徒や保護者とのミスマッチを避けるためです。校則が公開されていないと、入学しないと校則について知ることができないという、いわゆる「後出しジャンケン」的な現象が発生します。よく生徒に対して、「入学したのだから、校則に同意をしたということでしょ！」というように、無理やり指導を進めて

生徒心得（校則）

新座高校には、以下のような**「生徒心得」（校則）**があります。校則については、生徒会等の関係部署と協議をしながら、社会情勢・生徒の実態等を総合的に鑑みて、変更する場合があります。高校生としての自覚を持ち、意義のある高校生活を送ってください。また保護者の皆様にも、ご理解ご協力をお願い致します。

PDFファイル　R6年3月現在 生徒心得 ホームページ用 掲載文書.pdf

学校ホームページの「生徒心得」掲載文

しまうこともあります。このような指導は生徒の不満を大きくしますし、トラブルにも繋がる可能性があります。情報公開が社会に浸透してきた現代では、この主張はなかなか通用しないでしょう。生徒も学校のルールについて、理解をした上で入学をした方が、学校生活をスムーズに過ごすことができます。ホームページ公開はこれに近づく一歩となるでしょう。

前述した生徒指導提要にも、校則は可能な範囲でホームページに公開することが明記されました。自治体の教育委員会によっては、既に学校の必須要件として定めているケースもあります。このように、校則がホームページで公開されているかどうかは、学校の生徒指導の組織力・教育力を測る上でも、1つの基準になる時代です。**校則の公開は、生徒・教員・中学生などの入学希望者・保護者・教育委員会・文科省のそれぞれにプラスになる「三方よし」ならぬ、もはや「六方よし」の仕組みです。**これを進めることができれば、多くの人にメリットが生まれます。

校則の公開は「晒されると議論の対象となってしまう」という意見もあるかもしれません。しかし、この情報公開が当然の時代に、もはや学校内だけでやっていれば良いという発想は難しい状況です。むしろ、積極的に議論をしながら、進めていく必要があります。そのことを強く認識していかないと、「学校は何も変わらない」と批判されてしまいます。

校則を公開し、「学校も教員も前進をしている」と内外に示す良い機会にすることも可能です。公開に際して、校則見直しの進展に繋がることも多く、プラスにしかならない最良の手だとも言えるでしょう。

なお、学校の校則のすべてを明記するのは難しいケースもあるかもしれません。しかし、できる限り組織的・定期的に公開をすることが必要だと思います。

この公開を進めたことで、**生徒や保護者への説明、引き継ぎなどが以前よりもスムーズに進みました**。またホームページには、社会情勢や生徒の実態に合わせて校則を見直していくことも明記しました。これによって、校則はずっと変わらないものではなく、見直していくものであると宣言することができました。これも今後の生徒指導・学校運営において意義のあるメッセージとなったと感じています。

校則が変わらない学校ではなく、見直しを行っている学校として勤務校を位置づけることは、とても意義があったと感じています。これは、改善に向けた大きな一歩になりました。

〈見直しの観点❷〉ぬくもりのある組織へ

2つ目は**「ぬくもりのある組織」**に向けた見直しです。

人と人とがあたたかい雰囲気の中で、関わり合うこと、助け合うことなどを目指して、以下のような見直しを実施しました。

「ぬくもりのある組織」をつくるための見直し

①朝礼会議に出られない先生への情報共有 ▶P.090

見直し前		見直し後
誰かに共有してもらうしかない	▶	共有フォルダに連絡事項一覧をまとめ、**いつでも全員が確認できる**ように

②講演会の形式を変更 ▶P.091

見直し前		見直し後
講演形式で、生徒は聞くのみ	▶	主体的に参加しやすい**パネルディスカッション方式**に

③分掌名の変更 ▶P.093

見直し前		見直し後
分掌名は「生徒指導部」	▶	**「生徒支援部」に名称変更、**そのねらいをホームページに記載

④分掌から生徒を労う通信を発行 ▶P.094

見直し前		見直し後
文書を出す際は、生徒への注意喚起が中心	▶	生徒指導通信を発行、**生徒たちの1年間の努力を労う**

① 朝礼会議に出られない先生への情報共有

学校では朝に職員の朝礼会議があり、その日の連絡などが行われるのが一般的です。新座高校でも同様に実施していました。連絡のタイトルや朝会フォルダなどがホワイトボードに明記され、それを元に担当が全体に口頭で連絡をします。新座高校では、まだ文面などで共有するシステムはできておらず、朝礼に出られない場合は、誰かに共有してもらうこと以外に詳細を知る術はありませんでした。また生徒指導部が中心となり、登下校の生徒たちの指導に交代制で2名の教員が正門と裏門の立番指導を実施していたため、常に最低2名は朝の連絡を知ることができませんでした。教員たちが連絡を聞き漏らすと、生徒にも実害が及びます。行動も一歩送れますし、ミスも増えてしまいます。多忙化の中で、そういった配慮がなかなかできていない現状がありました。ましてや生徒指導部が立番をお願いしているので、とても申し訳ない気持ちが私にはありました。

このような状況の中で、私はぬくもりのある職場を目指して、この問題に着手することにしました。

私は主任として朝会に必ず出ていたので、連絡を記録することができました。そこで、**共有フォルダに朝会連絡の一覧を作り、記録できる日はデータ入力をしました。**またメモを印刷して、立番の先生に共有することにしました。また職場には育休などの時短勤務で朝は毎日朝会に出られない先生や、部活動や研修で出張に行く先生もいました。立番以外の人も含めて共有した方が良いと考え、朝会にいなかった先生全員に共有することにしました。

これはとても現場で好評でした。やはり**先生たちも連絡を聞けずに困っていました**。これは、私が前任校で先輩教員がやっていたことを取り入れてアレンジしただけなのですが、これまでの勤務経験がプラスに働いたので、とても嬉しかったです。朝会にいない人たちも含めて、私たちは1つのチームなので、そういったぬくもりのある組織により近づけたのではないかと思っています。

② 講演会の形式を変更

生徒指導部では、年間に3回の講演会を実施しています。それは、性教育講話・薬物乱用防止教室・交通安全教室です。この講演会ですが、これまでは講演形式のみで、生徒たちは講師の話を聞くだけでした。もちろん質疑応答やお礼の言葉などはありましたが、生徒たちが、これらに主体的に参画していたかと言うと、疑問が残る状態でした。生徒たちも講演会で寝ていることもあり、なかなか伝えたい内容が生徒に届きにくい現状がありました。

そこで、生徒たちが生徒指導の講演会にさらに参画できるように、講演会の形式の見直しを行いました。そこで生活委員会という生徒指導部が担当している委員会に、運営を委ねることにしました。具体的には、**講演部分の時間を短くして、後半は代表生徒を交えたパネルディスカッション形式へ変更しました**。生徒指導部の教員が1名入り、生徒たちにはゲストなどとのフリートークを進めてもらいました。

これは生徒やゲスト、そして教員にとっても、とてもプラスになりました。代表生徒たちにとっては、全校生徒の前で議論をする経験になりますし、ゲストにとっても生徒と直接対話する機会になります。教員にとっても、ファシリテーション能力向上の機会になりますし、生徒との関係構築にも繋がります。この形式にしたところ、寝ている生徒もほとんどいませんでした。当日の司会、お礼の言葉なども生徒たちに委ねました。生徒たちが前に出て、活躍し、拍手をもらうことができる貴重な機会となりました。

これらの見直しは、**代表生徒・ゲスト・教員・その他の生徒の四者にとってプラスな「四方よし」の改革となりました**。先生たちからも「あの生徒が立派に人前で自分の意見を言っていて、とても驚いた」という声もありました。こういった生徒たちの可能性を前面に出すことができたことは、とても学校としてプラスになったと感じています。

③ 分掌名の変更

前述した通り、分掌名を「生徒指導部」から「生徒支援部」へと変更することにしました。生徒支援部への改称を行う際に、ただ単に変更しただけでは、その改称に対する想いや、背景については共有されることはありません。生徒支援部への改称は、社会情勢を踏まえた改革だけではなく、新座高校が培ってきた組織文化をさらに活かすためのものです。そこで**校則を公開するために、ホームページ上に生徒支援部のページを追加してもらったので、そこに以下のような文言を明文化することにしました。**

ここで強調したかったのは、新座高校が本来持っていた生徒を支援する文化です。

生徒指導は、進路指導部などとは異なり、進

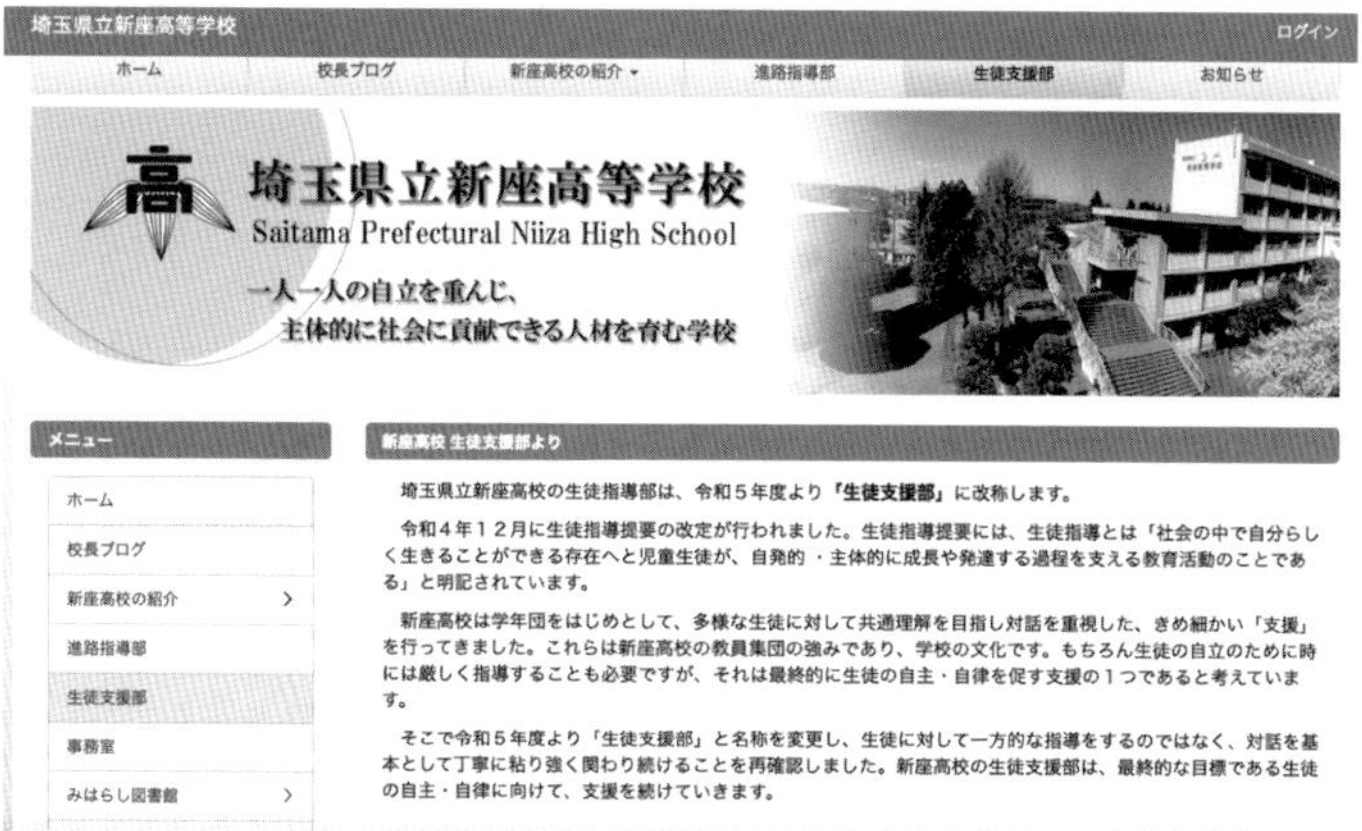

ホームページに記載した名称変更への想い

路実績など数値などでアピールできるものは、あまりありません。しかし、現場では生徒たちのために、今日も先生たちは、地道に教育活動を行なっています。数値などでは測れない私たちの想いを明文化することで、先生たちの教育活動を後押ししたいと思いました。これが私なりの先生たちへの感謝の証にもなれば良いと思い、実施しました。

実際にこのホームページ公開は、教員そして外部の方から良い評価をもらうことができました。名称変更と相まって、アクセス数も非常に伸び、メディアなどでも取り上げてもらうことにも繋がり、多くの人に新座高校の生徒支援部を知ってもらう機会となりました。学校にとっても非常にプラスになったと感じています。

④ 分掌から生徒を労う通信を発行

学校で生徒指導部から生徒へ出す文書は、主に注意・啓発事項などです。長期休業前の生活上の注意や、相談窓口のお知らせ、薬物やいわゆる闇バイトなどの防止、交通安全などの啓発などがありました。新座高校も基本的にこれらと同じ状況でした。これらの文書には当然、配布すべき価値がありますが、これだけでは生徒指導部の先生たちが生徒と関わる中で感じた想いなどを伝えることは、なかなかできません。

そこで、**生徒指導通信を発行**することにしました。**内容は、1年間の生徒たちの努力を**

労い、進級を祝う言葉を送る、というものです。

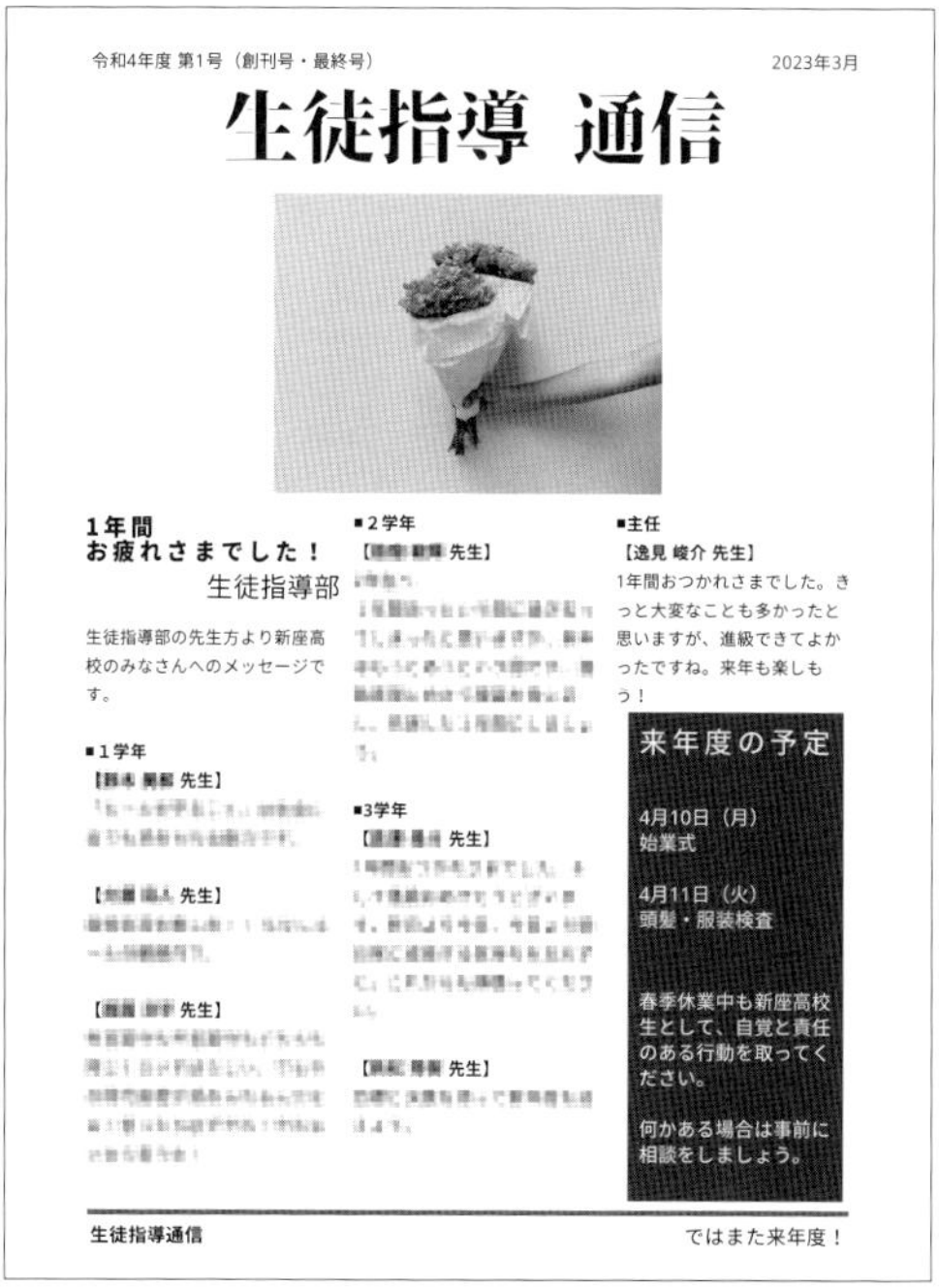
令和4年度 第1号（創刊号・最終号） 2023年3月

生徒指導 通信

1年間 お疲れさまでした！
生徒指導部

生徒指導部の先生方より新座高校のみなさんへのメッセージです。

■1学年
【 先生】

【 先生】

【 先生】

■2学年
【 先生】

■3学年
【 先生】

【 先生】

■主任
【逸見 峻介 先生】
1年間おつかれさまでした。きっと大変なことも多かったと思いますが、進級できてよかったですね。来年も楽しもう！

来年度の予定

4月10日（月）
始業式

4月11日（火）
頭髪・服装検査

春季休業中も新座高校生として、自覚と責任のある行動を取ってください。

何かある場合は事前に相談をしましょう。

生徒指導通信 ではまた来年度！

生徒を労う生徒指導通信

生徒指導部の仕事は、生徒指導提要にも記述がある通り、注意喚起をすることだけでなく、生徒の成長に寄り添って、その過程を支援することです。生徒たちにとって進級は大事な節目です。それを生徒指導部がお祝いすることで、注意喚起だけをする組織ではなく、ぬくもりのある組織である、ということを示すことにも繋がりますし、先生たちの声を生徒に届けて関係構築を進める機会にしたいと考えました。お恥ずかしながら、主任1年目でなかなか余裕がなく、複数号書く予定だったのですが、3月の末に1本だけしか書くことができませんでした。それでも、1番大事な節目のタイミングに書くことができたので、これはとても良かったと思います。

実際に、組織としてのメッセージが生徒や教員にも伝わる機会になり、とても高評価を得ました。指導部は、注意啓発の文書が中心だったので、生徒にも教員にも印象に残ったようです。

〈見直しの観点❸〉多様性と人権の尊重

3つ目は**「多様性と人権の尊重」**に向けた見直しです。多様性が当たり前となった社会情勢を踏まえ、校則の具体的な見直しも進めました。これらは多くの学校でもかなり実施している内容かもしれませんが、学校によっては、まだまだ改善の余地がある領域です。これらを踏まえて、以下の見直しを実施しました。

「多様性と人権の尊重」のための見直し

①制服を完全選択制へ ▶P.098

見直し前		見直し後
男女それぞれ指定された制服のみを着用	▶	ズボン・スカート・ネクタイ・リボンなどの組み合わせを**自由に選べる**ように

②学校セーターを正装として認める ▶P.099

見直し前		見直し後
セーターでの登下校は指導対象	▶	**セーターを正装として認め、**登下校でも着用可に

③防寒コートの規則緩和 ▶P.101

見直し前		見直し後
着用はダッフルコート、ピーコートのみ可	▶	一部**ジャンパーやコート、ウインドブレーカーなども可に**

④私物の「預かり指導」の期間短縮 ▶P.101

見直し前		見直し後
違反回数に応じて、段階的に預かり期間を延長	▶	**当日のうちに**説諭などの指導をして、返却する

⑤時代に合わせた頭髪指導の再確認 ▶P.104

見直し前		見直し後
ツーブロック等、長さの極端に異なる髪型は短い部分に合わせてカットさせる	▶	**ツーブロックを認め、**カットさせる指導は**廃止に**

⑥入学前の生徒への頭髪指導等廃止 ▶P.105

見直し前		見直し後
入学前の3月の説明会で頭髪指導 入学後は地毛申請書を提出	▶	入学前は**注意喚起に留める** 地毛申請書は**廃止**

⑦遅刻指導を対話重視に ▶P.107

見直し前		見直し後
月に4回の遅刻で「雑巾がけ」指導	▶	**雑巾がけを廃止** 指導は面談と組み合わせて運用

⑧「生徒指導提要」のポイントを職員会議で共有 ▶P.108

見直し前		見直し後
生徒指導提要は主任向けの研修では取り扱われるが、それ以外の教員への周知が十分ではない	▶	生徒指導提要のポイントをまとめた資料を作成。研修資料と共に**全体に共有**

① 制服を完全選択制へ

制服は生徒が毎日着るため、非常に生活に密着しています。特にジェンダー意識が高まっている現代では、制服のミスマッチが登校のハードルになることもあります。新座高校では、男女で制服が分かれていました。具体的には男子はズボンにネクタイのみ、女子はリボンにスカートとズボンという組み合わせでした。

この制服を見直したいという声はかなり出ていましたが、制服の選択でいじめが発生する可能性も否めないという意見や、多忙化の影響もあり、なかなか改善が進まない状況にありました。

制服については、生徒会が中心となり、生徒アンケート実施や議論を重ね、多様性の観点から男女の完全選択制への移行を希望する提案が出てきました。生徒たちは、ジェンダー平等への意識が高い世代なので、こういった問題にも敏感です。他校の調査をしてみると、生徒が在籍していた中学校では、学校によってはかなり制服の改革が進んでいるところも多くありましたし、近隣の高校でも、すでに見直しが進んでいました。これを進めることで、生徒会の実績にもなりますし、学校にもプラスになるので、すぐに着手をしました。**結果、生徒たちはズボン・スカート・ネクタイ・リボンなどの組み合わせを自由に**

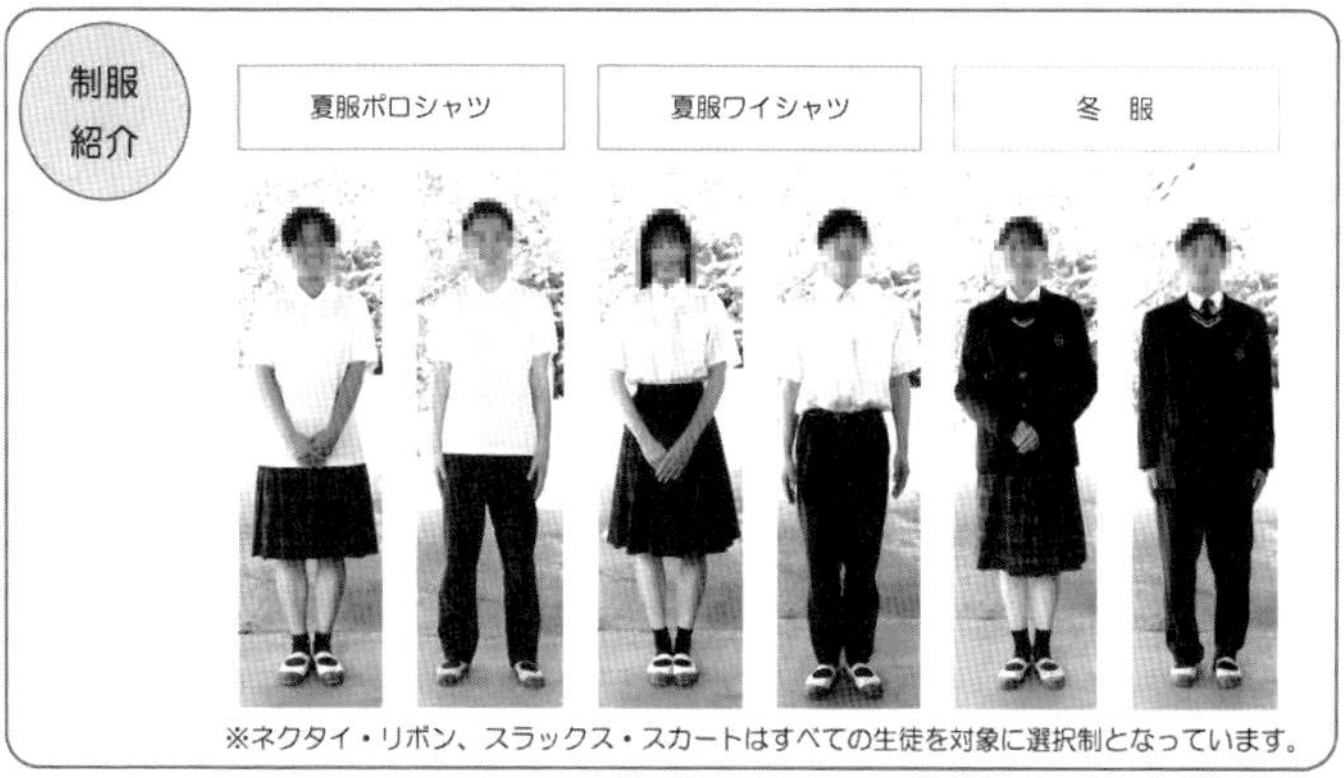

すべての生徒を対象に、完全選択制を取り入れた制服（令和7年度学校案内より）

選べるようになりました。これによって生徒たちは、それぞれが選んだ制服で登校するようになりました。懸念されていた「制服の選択でいじめが起こるのではないか？」という点も全くの杞憂で、そういったことはありませんでした。見直しを進める上で、仮にいじめが起こったとしても、「いじめをした生徒を指導すれば良いので、制服は関係ない」という意見も出てきました。**そういった議論ができたのも、とても良かった**と思います。この見直しは生徒たちにも満足度も高く、ようやく周りの学校にも追いつくことができました。

② 学校セーターを正装として認める

学校指定の制服にはブレザー以外に、ベストとセーターがありました。セーターは薄手のため、ワイシャツでは寒く、ブレザーを着ると暑い時期には、服装として最適です。ブレザーは自転車などを漕ぐ際に邪魔になりますし、体温が上がれば脱ぎたくなることも当然あります。体温調整のしやすさから考えると、セーターは最も汎用性の高い服装です。しかし、新座高校ではワイシャツとブレザーが正装であるという認識が強く、しっかりと服装指導をする文化もあったため、セーターを正装として認めていませんでした。

実際のところ、近年は気温の変化も激しくなり、生徒たちも校則を無視してセーターで登校するなどのことが日常茶飯事でした。それを指導する教員にも負担がありましたし、学校で指定しているセーターなのに、正装とは認めないという矛盾した点を気にしている教員も存在していました。

このような状況だったのですが、一連の改革をする中で、セーターについても見直しをすることに繋がり、正装として認めることになりました。これも生徒会からの提案がきっかけでしたが、その提案の間に制服の改革が同時進行で進んでいたため、スムーズに見直しができました。1つのことが動き始めると、他のものも見直しが進むことも多いことも、大きな気づきでした。**学校全体で、より良いものを探究していく文化ができていたと感じています。**

③ 防寒コートの規則緩和

新座高校では、防寒コートは、ダッフルコートとピーコートのみ許可しており、他のコートやジャンパーは認めていませんでした。ですが、実態として、生徒はダッフルコートやピーコートなどは普段、あまり着ないことが多いようです。また近隣の学校でも、防寒コートについては、かなり見直しが進んでいたため、こちらも見直しを求める声が生徒や教員からも出ていました。

そこで見直しを行い、黒・紺の無地、もしくはワンポイントのジャンパーやコート、部活動で購入したウインドブレーカーなども認めました。これによって、生徒は学校用に新しくコートを買う必要性が下がり、金銭的な負担を削減することに成功しました。**校則の見直しは、生徒の金銭面の負担も軽減することが可能です。**とても意義のある取り組みだったと感じています。

④ 私物の「預かり指導」の期間短縮

新座高校の生徒の多くは、自転車で登校します。高校生たちにとっては、自転車は主要な交通手段であり、生活に欠かせないものです。しかし、二人乗りや、駐輪区分違反、イヤホン着用など、ルールを守れない生徒たちも一定数います。新座高校では、自転車の違反があった場合、1回目は預かり指導を行い、説諭をした上で、当日返却をしていましたが、2回目以降も同じ問題を起こしてしまった場合は3日間、3回目以降は5日などのように、預かり期間が段階的に延びていく指導をしていました。曜日に関しては、基本的に学校の稼業日でカウントをしていたので、土日祝日はカウントに入れず、休日を挟んでも預かり続けるという内容の指導でした。

もちろん、生徒の交通安全のために設定されているので、意味はあります。しかし、私物を長期間預かるというのは、かなり拘束力の強いルールです。実社会で言うと押収などと同義なので、相当な権力を行使する行為です。校則を実社会にすべて合わせる必要はありませんが、それでも土日に自転車を使用できない場合は、生徒たちに部活動などを含めた移動の際に、金銭的な負担を強いる可能性があります。

このルールは、長く見直されなかったルールの1つで、生徒たちに年度当初から説明しており、クラス掲示もしてありました。これが見直されなかったのは、「違反者に対する指導」だからです。違反に対するルールは、違反した人が悪いと言う認識が強いため、そのための罰則などがなかなか見直されない傾向があります。まして、事前に掲示もしてあるので、「守れなかった生徒が悪いので、厳しく指導をすべき」という論理が働きやすいです。このルールも、このような背景から見直しをする発想がなかなか生まれにくい状況でした。

これを見直すきっかけになったのは、埼玉県教育委員会が主催した生徒指導主任を対象にした研修会でした。そこではスクールロイヤーを招いての講演がありました。講演会では、私物の預かり指導については、慎重に進める必要があるという話がありました。この講演をきっかけに勤務校でも研修での学びを共有し、見直しを進めることにしました。**結果、自転車はすべて当日のうちに説諭などの指導をして、返却することにしました**。

同様に、**スマートフォンの預かり指導も見直しを行いました**。スマホも同様に2回目以降の校則違反は段階的な指導を行っていましたが、これもかなりトラブルになっていました。もちろん違反をした生徒は指導すべきです。しかし、スマホは自転車よりも生活に根ざしています。月々の通信料金など、金銭も発生します。それを預かるのは、かなりの権力を行使することになります。生徒たちは友人との連絡だけでなく、アルバイト先や家族の連絡、イベントのチケットなどにもスマホを使用します。違反者は指導をすべきですが、「事前に示していれば良い。違反した方が悪い」というレベルを明らかに超えた内容です。事実、そういったことで生徒とトラブルになることがありました。土日は休日ですし、私生活の領域です。学校の指導の範疇を超えています。これも見直すべきタイミングであると判断し、**こちらも当日返却を基本とする**ことにしました。

こういったいわゆる罰則の規定は、まだまだ各学校で見直されないことが多いです。しかし、生徒たちの権利などを踏まえて見直す必要があると思います。違反者には何をしても良いという認識は間違っています。こういった認識も変えていくべきでしょう。

この見直しは、実は教員アンケートで複数の先生たちが回答していた内容でした。**先生たちも指導する中で疑問に思っていた内容だったので、アンケートをきっかけに改善に繋げることができた**ことは、とても良かったと思います。

⑤ 時代に合わせた頭髪指導の再確認

頭髪指導でも、見直しを進めました。頭髪の指導は、かなりセンシティブな領域です。生徒たちにとっても、見た目にも関わりますし、それぞれの美意識やポリシーなどの影響で、指導が非常に難しいです。

以前は、ツーブロックは奇抜な髪型として禁止していました。また、ラインなどを入れる髪型は禁止しており、もし入れた場合は短い部分に合わせて切る指導をしていました。つまりラインを入れた場合は、ほぼ丸刈りをさせていました。この指導は金銭的負担を強いますし、生徒の身体に干渉する指導でもありました。

これらを踏まえて、見直しを大規模に進めました。ちょうど、東京都が頭髪指導の見直しを進めていた時期と重なっていたため、それらを参考に、指導を見直しました。ツーブロックはカミソリなどを使用する極端な長さの違いなどでなければ、全面的に認め、カットさせる指導はせずに、経過観察をしながら対話することにしました。これらの指導については、生徒指導部の先生たちも同様の思いを持っており、議論の際には「これまでの指導ではまずい」という意見が多く出てきました。やはり**先生たちも社会情勢を踏まえて、様々な考えを持っている事を再確認する機会となりました**。これによって、生徒たちは髪型の選択肢が広がり、以前よりも、のびのびと学校生活を送る事ができるようになりました。

⑥ 入学前の生徒への頭髪指導等廃止（地毛申請書も廃止）

学校によって名称は異なると思いますが、高校入試で合格した生徒には、3月のうちに学校で新年度に向けて説明会を実施しています。それを埼玉県では、入学許可候補者説明会と呼んでいます。合格者が合格発表後に初めて登校する機会ですが、新座高校では、そこで頭髪指導を行っていました。髪色が茶色っぽい生徒全員に体育館の入り口で生徒・保護者を呼び止めて、地毛かどうかの確認をしていました。当時は、かなりの人数に声をかけていました。中学校卒業後のタイミングで染色・脱色をする生徒も一定数いるので、それらを防止するために教員も必死に動いていました。

入学後のことを考えると、生徒管理の側面ではプラスになるかもしれませんが、生徒たちは入学前の中学生です。高校の指導をするのにはタイミング的に早いですし、生徒や保護者もいきなりの指導に身構えてしまうことが多々あり、疑問に思っていた先生も多くいました。

これらは全面的に見直しました。状況によっては声をかけることもありますが、基本的には直接的な指導は行わずに、入学後に丁寧に対話する方向へとシフトしました。入学許可候補者説明会は中学生を歓迎し、入学の準備を行うための説明会です。**頭髪の指導については、全体への注意喚起のみに留め、説明会という本来の形へ戻すことにしました。**

この変化は生徒たちにとって非常に大きかったようで、以前に声をかけられた生徒も見直したことを知って、喜んでいました。やはり、最初の登校で、急に厳しく指導するのは不適切です。こういった指導体制の見直しは、即座に行なった方が良いと私は考えています。

また入学後も、1年生については地毛申請書を出させていました。新座高校でも髪の毛が茶色系の生徒については、地毛申請書を出させて配慮するという仕組みがありましたが、これも東京都の事例や社会情勢を踏まえて、廃止しました。生まれながらの身体を証明させることは人権を侵害する行為ですし、何より信頼関係を壊すことに繋がります。

頭髪は非常にデリケートなものなので、運用はとても難しいです。まだまだ課題も多く、改善の余地がある領域だと感じていますが、小さくても見直しを進めていくことが今後も求められていると感じます。

⑦ 遅刻指導を対話重視に

勤務校では、遅刻を月に4回した場合、遅刻指導を行っていました。それは面談と、遅刻した回数分、渡り廊下の雑巾掛けを行うというものでした。雑巾掛けには教員も同行し、声をかけながら実施をしていました。

しかし、実態としては生徒によっては雑巾掛けをするのを嫌がり、遅刻が4回にならないように、遅刻になりそうな場合は欠席に切り替えるというケースも散見されていました。雑巾掛けは、肉体的にも負荷をかけますし、それを見に来る生徒たちもいたため、懲罰的な指導として生徒に捉えられてしまっていました。生徒が規則正しい生活をして、時間を守り、授業に出られるようにするという本質的な解決から離れてしまっていました。県内の学校にも雑巾掛けの実施を調査してみると、時代に合わない指導のため、対話を重視して面談などに代えたという学校が多くありました。

そこで、**遅刻指導についても議論を重ね、雑巾掛けを廃止**することにしました。教員アンケートでも廃止についての要望があったため、それも見直しのきっかけになりました。

現在では、雑巾掛けの代わりに、朝に少し早い時間に登校する指導と面談を組み合わせて、運用を進めています。雑巾掛けは、確かにわかりやすく、手っ取り早い指導かもしれませんが、**安直で懲罰によって生徒を育てる**手法だと私は捉えています。それでは、**生徒の心に響くような指導をすることはできないでしょう。**遅刻指導は、まだまだ改善の仕組みを模索していますが、この見直しは、とても意味があったのではないかと感じています。

⑧「生徒指導提要」のポイントを職員会議で共有

前述した通り、2022年12月に生徒指導提要が改訂されました。これらの生徒指導に関する文書などは、埼玉県の教育委員会でも主任向けに研修を行っていましたが、それ以外の教員は改訂のことは知っていても、内容までアクセスしている人は少ない状況にありました。県からの通知文書などは、管理職を通じて職員会議などで共有されますが、それ以外に資料などが共有されることは、あまりありませんでした。生徒指導が変化していく中で、生徒指導提要が目指すものは、現場でも丁寧に共有されることが必要です。

そこで、生徒指導部から生徒指導提要のポイントをまとめ、職員会議で管理職から許可を得て、**資料を作成・提示し、生徒指導の研修資料とともに先生たちへ共有をしました。**
作成・共有した項目は次の通りです。

【職員会議資料】生徒指導提要変更のポイント

2022年2月　生徒指導部

■1：生徒指導提要とは

小学校〜高等学校までの生徒指導の理論・考え方や実際の指導方法等について、時代の変化に即してまとめ、生徒指導の実践に際し教職員間や学校間で共通理解を図り、組織的・体系的な取組を進めることができるよう、生徒指導に関する学校・教職員向けの基本書として作成したもの。
※令和4年12月に12年ぶりに改定が行われた。

■2：改定のポイント

（1）：定義の変更

生徒指導とは、社会の中で自分らしく生きることができる存在へと児童生徒が、自発的・主体的に成長や発達する過程を支える教育活動のことである。
なお、生徒指導上の課題に対応すために、必要に応じて指導や援助を行う。

（2）：児童の権利条約が新たに明記される

1989年に定められ、1994年日本は批准する。

1：児童生徒にいかなる差別もしない　2：児童生徒に最もよいことを第一に考える
3：児童生徒の命や生存、発達が保証される
4：児童生徒は自由に自分の意見を表明する権利を持っている

（3）：チーム学校

1：新しい時代に求められる資質・能力を育む教育課程を実現するための体制整備
2：複雑化・多様化した課題を解決するための体制整備
3：子供と向き合う時間の確保等のための体制整備

→1人でやろうとしない、どんなことも全体に問題提起する、管理職・ミドルリーダーを中心としたネットワーク構築、同僚間での継続的な振り返り（リフレクション）

（4）：校則の運用・見直しの明文化

1：なんのための校則か　2：学校のホームページでの公開
3：どのような手続きを踏むべきかの提示　4：児童生徒が校則に参画する

（5）性の多様性と個性の尊重

支援の具体例

自認する性別の制服着用、名簿上での表記・部活動への参加
修学旅行等での1人部屋・入浴時間をずらすなど

■参考（R4.12月閲覧）
・NPO法人School Voice Project記事 https://onl.bz/jd16QE3
・NHK　https://onl.bz/tyaFUH1

職員会議で共有した「生徒指導提要」ポイントまとめ資料

これは管理職からも好評でした。生徒指導部から研修で学んだ情報を共有することは、1つの分掌から学校運営にも着手できる価値のある行動であったと感じています。

〈見直しの観点❹〉働き方改革

4つ目は**「働き方改革」**に向けた見直しです。学校は多様な生徒たちに対応する必要があります。働き方改革は、学校全体のどの部分に**「選択と集中」**を行うべきか考える必要があります。教員は生徒指導以外の業務も当然たくさんあるため、なかなか学校に余白がない状態です。こういった状況の中で、生徒指導業務や行事なども見直す必要があると考え、実施しました。

着手した内容は次の通りです。

「働き方改革」のための見直し

①生徒指導措置対象者の「奉仕作業」廃止 ►P.112

見直し前		見直し後
対象者は学期末に 校内美化等の 「奉仕作業」を実施	►	**奉仕作業は廃止、** 各学年が状況に 応じた指導を行う

②校外での登下校指導を廃止 ►P.114

見直し前		見直し後
年間で３週間 朝と放課後に 通学路で指導を実施	►	**校外での登下校指導は廃止、** そのほかの指導に注力

③校外でのトラブルへの出動見直し ►P.116

見直し前		見直し後
問題があれば 勤務時間外でも、 業務を中断して 現地に出動	►	緊急時を除き、 **出動はある程度抑える**

① 生徒指導措置対象者の「奉仕作業」廃止

新座高校では、学期に生徒指導措置（特別指導）の対象になった生徒は、学期末に校内の奉仕作業を行っていました。奉仕作業は、学校の周辺のゴミ拾いや粗大ゴミの解体、グラウンドの塩カル撒き、花壇の花植えなど、状況に応じて、ボランティア的な活動を実施していました。生徒たちに学校に奉仕する活動を通じて、学校生活を振り返り、挽回の機会を与える（リカバリー）という趣旨でした。

これは以前に、生徒のボランティア活動を進めることが教育委員会の方針となっていた時期があったため、その際に始まったものでした。新座高校でも、その方針に則り、学期末に奉仕作業を実施していました。それによって、学校の教員定数も加配（教員の基本数が追加され、増員になる）がつき、この方針を進める上でも、学校運営上でもプラスに働いていました。ですが、新座高校では、この加配の方針が終了した後も、残っていました。それ以降、見直されることなく、実施が続いていました。

この活動は教育的な意義はありますが、実際には、課題や懸念もありました。まずは実施が学期末であることです。学期末は成績処理の期間のため、忙しい時期であり、十分に教員の人員が割けません。成績処理はミスの許されない作業のため、教員総出で実施しなければなりません。しかし、奉仕作業も教員の人数が必要になります。どちらかを優先すると、どちらかが立たないトレードオフの関係にありました。

さらに、生徒指導措置が行われて、戒告・謹慎などになった場合、それが終われば、指導自体は終了となります。再び呼び出して奉仕作業をさせるのは、二重の指導となるため、「指導が終わっているので、必要ないのでは？」という意見も出ていました。また、指導措置となった生徒たちを一律に呼んでいたため、問題行動の軽重に関わらず、同じ指導をするのは実態に合ってないという意見もありました。

さらに、奉仕作業が挽回のチャンス（リカバリー）と位置付けられていたことも、疑問の1つでした。指導自体は終了しているのに、挽回と名付けられていた点も不可解です。

このように教育的な価値はあったとしても、**課題も多く、負担が大きいため、議論を経て、廃止することにしました**。

これによって、**教員は成績処理に集中することができるようになり、大幅な負担の軽減に繋がりました**。また生徒の実態に合わせて、面談を実施するなど、状況に合わせて各学年が指導を進めることに決まりました。これも生徒にとって何が必要な指導になるのか考える良い機会になったと感じています。

② 校外での登下校指導を廃止

勤務校では、学期に1回1週間程度、朝と放課後に生徒の通学路へ行き、指導・見守りを行う「街頭指導」を実施していました。各学年から2～3名ほど選出され、合計10名ほどの先生が、交代制で腕章をつけて、毎日外へ出ていました。

街頭指導は、生徒のリアルな実態がよくわかります。違反なども見つけることができますし、適切な指導に繋がることもあります。また近隣住民の方へのメッセージとして、学校が地域に貢献をしていることを伝えることができますし、地域の方と実際にコミュニケーションも取ることもありました。

ですが、その反面、この指導に力を割いていたため、学校の教育活動には支障が出ていました。職員朝会や放課後の時間帯に、教員10名程度が1週間いないことは痛手です。前述した通り、職員朝会では不在者に連絡の共有もなかったため、1日の流れを知らない人が10名程度も出てしまいます。放課後の場合は、生徒の指導や面談、清掃、会議などと重なりますし、部活動などにも影響が出ます。かなり学校の動きが鈍くなっていました。特に放課後は、生徒と個別で話すチャンスなので、そこに業務が入ってしまうと、生徒との対話の時間が減ってしまいます。

また、文科省の通達でも、「教員が担う必要がないもの」として、校外での登下校の指導が例示されています。教員の指導の範疇を超えるものとして、文科省などもストップをかけている状況です。

この街頭指導は、確かに教育効果もありますが、守備範囲を広げすぎると、やはり学校の業務に支障が出てしまいます。実際に、先生たちから負担を嘆く声も多々ありましたし、登下校の指導は朝に校門指導を交代制で2名行っていたため、「それで十分だ」という声もありました。街頭指導は生徒たちの問題発見にも繋がることもありますが、生徒たちもそこまで問題を起こしているわけではないので、単なる見回りで終わることも多々ありました。

このような状況を天秤にかけ、分掌・職員会議での議論を経て、**校外の登下校の指導は廃止し、学校で行うその他の教育活動に力を入れる「選択と集中」へとシフトしました。**トラブルがあった場合は、基本的に学校で可能な範囲で注意喚起を行いつつ、今後必要があればまた見直すことで合意を得ました。以降、この制度は廃止され、トラブル発生時など必要な場合のみとなりました。それ以降、復活を望む声は出ていません。こういった行事の見直しは、職場全体にも関わるので、慎重な議論が必要ですが、何を重視すべきかを考え、見直す必要があると感じます。

③ 校外でのトラブルへの出動見直し

生徒たちが学校外でトラブルに巻き込まれた場合、もしくは起こした場合、基本的には学校に連絡が来ます。生徒たちも帰宅途中などに制服で集まることがあるので、所属がわかりやすいのも理由の1つです。一般市民の方や店舗の方などは、警察などに連絡をして事態を大きくすることをせず、教育的配慮を行い、学校へ指導の依頼や出動の依頼をすることが多いです。

これに対して、先生たちは問題があれば、すぐに車などで乗り合わせて出動していました。これも教育的な効果はあります。問題防止に繋がりますし、地域の方への学校としての姿勢を見せることにも繋がります。

しかし、それが毎回できるわけではありません。業務が重なった際には、その業務を中断して出動していました。また近隣だけでなく、離れた場所に行くこともありました。勤務時間が終わった後に連絡が入り、そちらに向かうことも多々ありました。

このような状況だったため、**生徒指導部で議論を行い、学校全体としてある程度、出動を抑える方向にシフトすることを目指しました**。前述した通り、登下校の指導は文科省から抑えるような方針が出ていますし、地域で起こる生徒の問題を、学校がすべて解決することには限界があります。当然、毎回出動できるわけではありません。教員も家庭などがあるため、勤務時間外の教育活動はなるべく抑えていく方が健全です。もちろん緊急時などの深刻な場合は出動することもありますが、ある程度抑えていく方針に決定しました。教員は熱心なため、現地へ赴き、指導したい人もいます。しかし、それができない人もいます。そういった人たちへの配慮なども含めて、選択と集中で、その他の教育活動に注力できるようにしました。案件によっては学校での指導や注意喚起を約束し、現地での解決や警察などにも連絡をするように促すこともありました。警察などとは、研修などを通じて連携をとる機会があるため、そういった機会に話題にしながら、協力体制を作っていきました。

この見直しは、先生たちを中心にとても好評でしたが、まだまだ今でも議論を重ねています。もちろん、生徒を見捨てるつもりはありません。現地の人や、警察にすべてを押し付けるつもりもありません。ですが、やはり学校だけでは現実的に厳しい状況もあります。生徒や教員の状況も変わるため、正解を見つけることはとても難しいのですが、こういった**当たり前を見直し、議論するきっかけを作ったことには、意味があった**と感じています。

その他、多忙化の影響で、なかなか着手できなかった内容の見直しも進めました。指導措置の基準についてのマニュアルや、年間スケジュール、バイク免許取得者一覧など様々な資料も作成しました。誰でも今後の業務ができるように整備を進めました。

これらの見直しは、生徒・教員からの意見、他校の事例などを参考に進めました。現場の生徒たちや先生たちの力を借りて実現できたものです。どれも私一人でできるものではありませんでした。これにより、学校が今までよりも健全な状態に近づけることができたと感じています。

残された課題

ここまで学校で行った見直しについて述べさせていただきましたが、課題も多く残っています。私もまだまだ力不足で、見直しをさらに先へ進めることができませんでした。残された課題も多く、これからも見直しを続けていく必要があると考えています。

例えば、今後の見直しのヒントになるのは、**日本若者協議会が有識者と作成した「校則見直しガイドライン」**などが挙げられます。日本若者協議会は2021年に、校則の見直しと学校内民主主義の実現のために、以下のような項目を作成しています。

（1）校則の内容は、憲法、法律、子どもの権利条約の範囲を逸脱しない
（2）校則の見直し・制定は、学校長、教職員、児童生徒、保護者等で構成される校則検討委員会や学校運営協議会等で決定する
（3）すべての児童・生徒に「合理的配慮」を行い、少数の声に配慮する
（4）校則はホームページに公開する
（5）生徒手帳等に、憲法と子どもの権利条約を明記する

また、このガイドラインの作成にも関わっている岐阜県の公立高校教員である斉藤ひでみ氏も、以下のようにガイドラインを策定しています。

提案（1）校則の仕分け（学校規則・推奨程度のもの・単なる社会マナー・私生活に関わる部分）
提案（2）校則の再構築：新たな校則の全体像
第1章：憲法・法律・子どもの権利条約
第2章：校則の目的
第3章：学校規則（校長権限で定める）

第4章：学校生活の目安（推奨程度のもの、生徒と話し合って定める）
第5章：指導と懲戒
第6章：改廃プロセス
提案（3）校則の公開
提案（4）全国一律の校則ガイドライン
①人権侵害を生む校則は禁止
②健康を害する校則は禁止
③性差を前提とした校則は禁止
④過度な経済的負担が生じる校則は禁止
⑤私生活の拘束は不可（学校に権限なし）
⑥制服・標準服の購入と着用は強制不可（学校に権限なし）
⑦理由の説明が不可能な拘束は禁止
⑧「生徒らしさ」等の抽象的な理由は禁止

また、認定ＮＰＯ法人カタリバは、ルールメイキングに関わるすべての人たちの指針として、**「ルールメイキング宣言」**を策定しています。それは次の通りです。

■前文（一部抜粋）

学校は、民主主義を支える、最も重要な土台となる場所です。……

■校則・ルールの制定や見直しを進めるうえで前提にしたい3つの原則

①個人の尊重　②最上位目的の整合性　③公開原則と意見表明権の保障

■校則・ルールの制定や見直しを進める上で大切にしたい9か条

①心理的安全性
②発議の権利
③制定の根拠・背景の確認
④前提の再考
⑤目的合理性
⑥対話的なルールづくり
⑦プロセスの可視化
⑧情報の公開
⑨継続性と改定手続きの制度化

これらのガイドラインや宣言は、生徒指導上のことに留まらず、学校運営においても、非常に大事な指針を与えてくれていると感じます。学校ごとに様々な事情があると思うので、すべて採用することはできない可能性もあるでしょう。しかし、このように人権を重視し、開かれた校則を目指すことは、これからの時代に必要不可欠です。

正直なところ、校則に関しては、改廃プロセスや、生徒手帳に憲法や子どもの権利条約を盛り込むなど、これらの指針に沿うような見直しまでは着手できませんでした。また、教員へのアンケートは生徒指導部が主体となって行っていましたが、生徒たちへのアンケートは生徒会が主体となっていたため、これらの2つをうまく連動させるところまで進めませんでした。これらを有機的に繋げていくことはこれからの課題です。まだまだ私自身も力不足だったと思うばかりです。

これらの資料は、自身の校則や指導体制をチェックする上で活用できると思います。今後も時代性を鑑み、こういった専門家の知見を役立てながら、今後も改善を続けたいと、自戒を込めてここに記しておきたいと思います。

次章では、ここまで紹介してきた「生徒支援」を進める上で、教員個人としてどのような力が求められているか、私なりの見解をお話しさせていただきます。

第3章

生徒を「支援」する教員とは

この第3章では、生徒を支援する教員とはどのようなものかをお話ししていきます。これからの時代に、どのようなマインドが必要なのか、どのようなスキルが求められているのか、生徒支援の観点を踏まえてお話しさせていただきます。

「説諭」と「問い」を活用する生徒支援

生徒が何か問題行動を起こした際に、教員は指導を行います。その際に、教員がよく用いるのは「怒る」・「説諭」という手法です。

「怒る」という行為は、感情に任せて、怒りを相手にぶつける行為です。人間の自然な感情の1つで、大きな声を出し、強い言葉を生徒にぶつけます。これは効果的な場合もありますが、一般的に生徒に指導が入りにくく、人間関係を悪化させるリスクがあります。そこで、よく現場で用いられるのが**「説諭」**という行為です。

「説諭」とは、国語辞典『大辞林』には、以下のように示されています。

教えさとすこと。自分と同等またはそれ以下の者に、悪い点を改めるように、よく言い聞かせること。

私たち教員は、問題行動を起こした生徒に対し、何がいけなかったのかを伝え、今後どうすべきなのかを「説諭」します。これは教育活動において大事な指導です。「説諭」によって、生徒たちは問題行動の原因や影響を理解し、今後の改善を進めます。怒るという行為よりも論理的な指導になるため、生徒にも指導が入りやすい傾向にあります。

指導の実態として、他者を思いやるなどのいわゆる「ソーシャルスキル」は、自然と身につく行動ではないため、きっちりと生徒に教える必要があることが指摘されています。[iv] 何が問題だったのか、しっかりと教える「説諭」は生徒指導上の基盤となる教育活動です。

しかし、この「説諭」という行為だけでは、新たな問題が生まれる可能性もあります。それは**「反省慣れ」**です。反省慣れとは、生徒が教員へ忖度し、自分は悪いと思っていないのに、反省したフリをして、その場をやり過ごしていくという行為です。反省慣れは、問題行動を繰り返しても、その場だけやり過ごして、終わる危険性があります。

次の架空の事例をもとに考えてみましょう。

【事例】

例えば、生徒Aが生徒Bに対してSNSの誹謗中傷を投稿したとします。きっかけは生徒Bが生徒Aの陰口を友人に言っていたことでした。それを知った生徒Aは腹を立て、投稿をしました。

学校として、生徒Aに対しては、誹謗中傷として指導措置を行い、生徒Bに対しては、陰口について指導を行いました。教員は問題行動についての説諭を行いました。生徒Aは、教員に対して、言いたいこともありましたが、自分の本当の感情について、きちんと口にはできませんでした。生徒Aは腹が立っていましたが、早く指導を終わらせるために、反省したフリをしてその場をやり過ごしました。反省文には、自分の感情に一旦蓋をして、「反省した感」を出して、もう次に同じような行動はしないと書いておきました。

しかし、その後、生徒AはBへの怒りがどうしても収まらず、再び誹謗中傷をしてしまい、問題が再燃してしまうことになってしまいました。生徒Aは先生たちに対して「話を聞いてくれない大人」とレッテルを貼り、信頼関係を作ることが難しくなってしまいました。

この問題のボトルネックは、生徒の本当の声を丁寧に聞かなかったことです。感情に蓋をさせて、抑圧してしまった結果、教員との信頼関係が崩れ、問題の再燃や別の問題に発展することはよくあることです。実は、この本音を話せない若者たちが、その後、大きな問題を起こしてしまうことが、刑務所などでも実例としても多く挙げられています。感情を押し殺した結果、誰にも自分の本音が言えなくなり、人を信用せず、大きな問題を起こしてしまうこともあります。反省に必要な文章が書けることは、決してマイナスではありませんが、それが習慣化し、表面的なものになってしまっては、効果は薄れてしまいます。何がいけなかったのを教え諭す「説諭」は、重要ですが、それだけでは指導として不十分な点があるもの事実です。

そこで大事なのは、**生徒に「問う」こと、そして「生徒の声を聞くこと」**です。

近年、主体的・対話的な学びや探究の文脈で「問い」が今まで以上に注目されています。「問い」は思考をさらに深め、次のステップに進むために、必要不可欠なものです。この「問う」ことは、生徒支援においても欠かせないアプローチです。

生徒たちは、多感な時期を生きており、人間関係も複雑です。本音を聞いてくれる大人が身近にいることは、生徒の心の拠り所になります。授業などと同じように、生徒にただ一方的に教えるだけでは、生徒たちには届きませんし、信頼関係も生まれにくいです。対話は、双方向で進めていく必要があります。「説諭」も本音を引き出した上で、進めていくことで、さらに効果を発揮することが多いです。

前述した問題行動では、**「ネットに悪口を書き込んだことで、自分はどうなりたかったのか?」**、**「それをして、相手をどうしたかったのか?」**などと私であれば、問いかけます。このように投げかけると、生徒の本音が出てくる可能性があります。

生徒も大体の場合、意図があって、行動をしています。問題行動だとしても、その生徒にとっては必要な行動であることは多いです。この背景をきちんと把握することが肝要です。そうすると「辛かったんだね。腹が立ったんだね」などと、相手の気持ちを受容する言葉を送ることもできるようになります。この素直に自分が思っていた感情を言えた経験は非常に重要です。

また「それをしたかったのであれば、別の方法はなかったのかな?」などと問いかければ、自身の行動を振り返る機会にもなるかもしれません。さらに「私たちに言えてなかったけど、本当は言いたかったことはある?」などと問いかけると、この行為の前にも陰口を言われていたことなどの事実や、家庭状況がうまくいってなかったため、むしゃくしゃしていたなどといった、生徒の状況の話も出てくるかもしれません。

もちろん、ここでは誹謗中傷の行為を正当化したり、悪口に共感することは、指導を覆す結果になるので、基本的にNGです。しかし、背景や感情を自分の言葉で説明できたことを認めることは、生徒との関係構築において非常に重要な意味を持ちます。

普段から、生徒にそういった本音を聞ける機会があると良いですが、何か問題があった時こそ生徒たちと丁寧に話すチャンスです。問題行動の際には、時間はかかるかもしれませんし、1回では効果がないかもしれませんが、また時間を置いて長期的にアプローチするなど、生徒の成長のために、地道で丁寧な対話は、後々必ずプラスに働きます。対話は生徒支援には絶対に欠かせない要素です。

ファシリテーターとしての教員

このように生徒の声を引き出す行為は、**「ファシリテーション」**（facilitation）と呼ばれます。ファシリテーションとは、「引き出す・促進する」という意味で、人々の活動が容易にできるよう支援し、うまくことが運ぶよう舵取りすることを指します。主に、集団による問題解決、アイデア創造、教育などのあらゆる知識創造活動を支援し促進していく働きのことを指し、それを行う人を**「ファシリテーター」**（facilitator）と呼びます。

近年では、主体的・対話的な学びの文脈で、教員は知識を伝達するティーチング（teaching）以外にも、ファシリテーターとしての役割が重要であると言われるようになりました。

ここで話題にしている生徒支援の文脈においては、教員がファシリテーターであることは必須条件です。生徒たちの本音をいかに引き出すのか、また何を伝えるのかなど、生徒との関係を作っていくために、とても大事な視点です。生徒の状況を丁寧に確認しながら、何が生徒にとって必要なのかを考えなければ、生徒の支援はできません。それができなければ、上滑りの指導になってしまいます。

指導の際には、当然、教えなければいけないことは山ほどあります。ですが、このファシリテーションを指導のベースに据えておくことで、生徒が本音を言えず、抑圧された状況に陥ることを多少なりとも防ぐことができます。生徒との信頼関係を少しずつ作っていくためには、問いかけること、ファシリテーターであることがこれからの時代に、さらに求められていると感じます。

教育社会学者の志水宏吉氏は、これからの時代には差別や不平等や格差といった社会問題に関心を持ち、教育の力によってそれらを克服し、より良い社会を築いていこうとする意志を持つ教師を**「社会派教師」**と呼んでいます。**生徒への関わり方は、その生徒の将来やその生徒自身の在り方にも大きな影響を与える可能性があります。**対話の際に、抑圧され、自分の感情に蓋をする経験ではなく、「本音を言うことができた」という経験となれば、生徒の将来も明るくなる可能性があります。大人たちの生徒への接し方は、大人の関わり方のモデルとして、生徒にも伝播します。私たちの行動様式が生徒たちに意図されずに伝わっていくことを**「隠れたカリキュラム」**（ヒドゥンカリキュラム：the hidden curriculum）と呼びます。私たちの行動は意図せずに、生徒たち学習者にも伝わっていきます。生徒たちへの関わり方を対話ベースにシフトしていくことで、生徒たちも対話を重視していく姿勢が身につくかもしれません。高校は、高卒就職の生徒もいる中で、生徒にきちんと関わることができる最後の砦です。社会に出る前に、大人たちのイメージを作っていく非常に重要な時期です。もし家庭がうまく機能しないような状態であれば、学校が生徒にアプローチできる最終手段となる可能性もあります。私たちの日頃の言動は、大人たちの良いイメージを作ることも可能ですし、その逆もまた然りです。
生徒たちにファシリテーターとして関わることは、単なる生徒指導上の意味に留まらず、さらに大きな社会的意義を持っているのです。

もちろん、生徒たちと接する中で、すでに自然とファシリテーションのスキルを用いて、対話をしている先生たちは全国にたくさんいます。そうやって**地道に生徒と対話し、生徒の本音を聞き出し、適切に言葉をかけていく先生たちがたくさんいることは、教育現場の希望です**。この生徒たちと、きちんと対話していく姿勢はすでに「生徒支援」のスタンスです。これらがあるから、今も現場は回っているのだと思います。ここでファシリテーションを用いた対話の例を挙げておきます。アプローチ方法は様々なので、私も今後さらに探究を続けたいと思います。

【ファシリテーターとしてのかかわりの例】
・生徒の行動の背景を引き出す
（あの行動の意図は何だったのか、何がきっかけだったのか。）
・生徒の考えの本質を引き出す

（本当はどう思っていたのか、話せていないことはないか。）
・生徒の今後の見通しを引き出す
（これからどうしたいのか、もう1回やるとしたらどうするか。）
・生徒の日常から、関心・興味や生活状況を探る
（放課後はどのように過ごしているのか、誰と一緒にいることが多いのか、夏休みはどんなことをしたのか。）

アセスメントを用いた「ポジティブ行動支援」

生徒に対して、問いかける際に重要なのが**「アセスメント」**（assessment）の観点です。アセスメントとは、ある事象を客観的に評価することで、学力や問題行動など、様々な事象に対して行われますが、生徒指導においても重要な要素です。

生徒指導の分野では、問題行動を起こしてしまう生徒への対応に、とても有効な手段です。アセスメントでは、生徒の個人の状況以外にも、生徒を取り巻く環境などの要因にも着目します。生徒が問題行動を起こすのは、生徒個人の性格や生育歴に依存すると考える

ことが一般的です。しかし、アセスメントでは、生徒の状況や環境要因にも着目します。

例えば、以下のような観点です。

・どのような時間帯に問題行動が起こるのか？
・どこにいる時に問題行動が起こるのか？
・誰と一緒にいる時に問題行動が起こるのか？
・問題行動の引き金になっていることは何か？
・問題行動をすることで、生徒は何を得ているのか？
・これまで主に対処してきた方法は何か？

生徒に対応する際に、問いかけのバリエーションとして、これらの観点を問いかけていくことで、生徒の問題行動を取り巻く環境要因を明らかにしていくことも有効な手法です。生徒たちの問題行動は、個人に起因するものもありますが、状況によって引き起こされることも多くあります。

例えば、これらを生徒に問いかけることで、朝に問題行動が起こりやすいのは、寝不足の影響があったり、特定の授業や、友人と廊下にいる時に起こりやすいなど、問題行動が引き起こされる条件を整理していくことも可能です。また授業を抜け出してしまうのも、苦手教科ができないから逃げているという可能性もあります。これらをファシリテーションのスキルを用いて、生徒から意見を引き出しながら、どのような方法が改善に繋がるのか、どのような傾向や特性があるのかなど、問題行動を構造的に捉えることはとても大事です。生徒と今後、問題行動の改善を考える際には、単に生徒の道徳心に訴えかけるのではなく、ボトルネックになる条件を考えたり、要因を取り除いたり、別の改善方法を試したりなど、多角的・構造的に問題行動を考えることが可能になります。改善に向けて長期的なアプローチをすることができるのも、とても良いポイントです。解決方法が決まり、それが効果を発揮すれば、その行動を賞賛することもでき、生徒の改善を支援することが可能です。

このようなアプローチ方法を**「ポジティブ行動支援」**(positive behavior support)と呼びます。近年、アメリカから導入され、日本でもかなりの広まりを見せています。ポジティブ行動支援は、望ましい行動などを丁寧に教え、生徒の環境要因に注目し、予防的なアプローチなどを重視する考え方です。ここで提唱している生徒支援とも、とても親和性のある理論です。生徒たちを長期的に支援していくことが可能なので、生徒に問いかける際には、こういった理論を用いることも有効です。

このような考え方を踏まえると、「生徒を単に叱れば良い」という短絡的な発想では、効果が発揮しにくいことがわかるのではないでしょうか。物事はもっと複雑なので、長期的・そして包括的にアプローチすることが私たちには求められています。

対話をベースにしつつも、指導のラインは譲らない

生徒支援という視点は、**「教育相談重視系の発想で、それは生徒たちの状況や言い分に迎合して、校則を緩めていく方向に進めようとすることでしょ？」**という指摘をよく受けます。

しかし、それは**間違い**です。それは生徒支援のスタンスではありません。

生徒たちの状況や言い分についてはもちろん聞く必要があります。そこは丁寧に進めることを本書でもお話ししてきました。しかし、生徒に迎合することは、基本的にはしませ

んし、指導のラインは基本的に譲ることはありません。

また、生徒を抱え込む指導や、丸め込むなどの指導も学校現場ではよくありますが、それも基本的にはお勧めしません。近年は減ってきていますが、一緒にご飯に連れて行ったりなど、生徒たちに恩を作り、丸め込むといったことも学校現場ではよくありました。それは、人情的な繋がりを生むかもしれませんが、決して健全な状態ではないですし、生徒自身の自立とは言えません。生徒たちを抱え込むことで、全体の指導体制も揺らいでしまうことも多々あります。

私も現場で働いていると、特例を認めた場合、起こるデメリットのことは、痛いほど理解しています。指導のラインを独自の判断で緩めてしまうと、他の教員との対応の差が出てしまいます。教員による温度差に対して、生徒はとても敏感です。教員集団の不信感にも繋がりかねません。

そのため、指導のラインは基本的に譲りません。厳しく指導することも当然あります。ですが、指導に入るまでのプロセスやその後のアフターケアを重視します。一方的な指導は決してしません。問題行動をした生徒の行動は最後まで認めることはありませんが、これまでのプロセスや背景、そして生徒の本音を聞き取るなど、対話を中心に丁寧に生徒と関わり続けます。生徒の言い分があれば、最後まで何度も聞きます。問題行動の指導が終わった後も、指導をしっぱなしにせず、その後のアフターケアやフォローをしたり、生徒のその後の改善策を一緒に考えるなど、長期的なアプローチを重視します。この**対話をベースにしながらも、指導のラインは譲らないというスタンスは指導者として絶対的に重要です。**

ちなみに、生徒指導などを専門とする阿形恒秀氏は、生徒指導において、規律指導と教育相談の2つが重層的に支え合う**「生徒指導におけるダブルセーフティネット」**を主張しています。また「教育相談の心のない指導は暴力であり、規律指導の心のない教育相談は無力である」とも述べています。規律指導の側面が強すぎれば、生徒は抑圧されてしまうし、教育相談の側面が強すぎれば、無秩序になる傾向があります。対話をベースにしながらも、バランスをとりながら丁寧に生徒と向き合っていくことが大事です。この姿勢こそが生徒支援のスタンスと言えます。このような考え方がこれからの学校には求められているのだと私は考えています。

求められるのは「探究のマインド」

生徒支援の観点で、重要なのは**「探究のマインド」**です。

ご存じの方も多いと思いますが、総合的な探究は2018年の学習指導要領に明記されています。

この探究の目標は、これからを生きていく生徒にとって必要な力ですが、生徒支援に関わる**教員たちにとっても非常に重要な力**だと私は考えています。

明記されている内容は次の通りです。

目標

探究の見方・考え方を働かせ、横断的・総合的な学習を行うことを通して、自己の在り方生き方を考えながら、よりよく課題を発見し解決していくための資質・能力を次のとおり育成することを目指す。

(1) 探究の過程において、課題の発見と解決に必要な知識及び技能を身に付け、課題に関わる概念を形成し、探究の意義や価値を理解するようにする。

（2）実社会や実生活と自己との関わりから問いを見いだし、自分で課題を立て、情報を集め、整理・分析して、まとめ・表現することができるようにする。

（3）探究に主体的・協働的に取り組むとともに、互いのよさを生かしながら、新たな価値を創造し、よりよい社会を実現しようとする態度を養う。

生徒指導の領域にも、この探究の視点を当てはめると、以下のことが言えます。

> 既存の生徒指導の領域だけでなく、横断的・総合的に生徒指導を捉え、自身の在り方生き方と結びつけていく。実社会と自分自身との関係の中から問いを見出し、自分で課題を立て、情報を集め、整理・分析し、生徒指導に主体的・協働的に取り組み、それぞれの良さを活かしながら、新しい価値を創造し、より良い社会を作っていく。

前半部分の「既存の生徒指導の領域だけでなく、横断的・総合的に生徒指導を捉え、自身の在り方生き方と結びつけていく」という視点は、これからの時代にとても重要な力です。前述したように、社会は大きく変化しています。生徒指導もこれまで通用したものが、逆に問題になることもありますし、社会全体の常識も大きく変わってきています。学校という視点だけでは、解決できない問題も多くあります。**広い視野を持ち、自分自身のあるべき姿などと結びつけていくことが必要です。**

学習科学の領域には、**「アンラーニング」**（unlearning：学びほぐし・学習棄却）という理論があります。これまで学んできたこと（learning）を一度捨てて、新たに再構築していくことを指します。これまで学んできたこと、経験をしたことを捨てることは当然、痛みを伴います。しかし、このアンラーニングは、既存の価値観を疑い、新たな見方・考え方を得るためにとても有効です。私たちは、変化の激しい時代において、多様な生徒たちと、生徒指導などを通じて関わらなくてはいけません。1つの枠に囚われずに、多角的に物事を考えていくためにはアンラーニングは必須の考え方と言えるでしょう。

また私は、学校現場をボトムアップで変えていくプラットフォームＮＰＯ法人School Voice Projectや、校則見直しを通じた学校の対話文化の醸成を目指している認定ＮＰＯカタリバのみんなのルールメイキングを始めとして、これまで教育系の勉強会や学会、現地での見学などに学生時代から積極的に参加してきました。また大学の教授や人材開発系の企業人などをゲストに招いて、自分で対話イベントも主催することもありました。高校だけでなく小学校・中学校・大学、私立の学校や、県外の教員仲間、さらに人材業界やフリースクールなどのオルタナティブ教育、営利企業や教育系NPOなどに関わっている人など、多様な人たちと、様々な情報交換をして、多くの知見を学ぶことができました。対話を通じて、何度もアンラーニングをしてきました。これまでの活動はすべて今に活きており、自分一人の小さな力では、ここまで視野も広がることはありませんでした。

人材育成の分野では、**「越境学習」**と呼ばれる学習のスタイルがあります。自身の所属するフィールドから外に飛び出し、他者と対話をしたり、新しいチャレンジをすることで、自身を振り返り、学びをさらに深めていくという方法です。この考え方は、前述したアンラーニングとも近しい理論で、新しい価値観や多くの気づきを得ることができます。私の経験はまさに越境学習の連続であったと感じています。

このような経験をしたことは、今の自分の価値観や見方・考え方の大部分を形成するベースとなっています。生徒指導体制の見直しの必要性や、生徒支援という考え方をするようになったのも、これらの経験による部分が大きいです。このような経験の中で、生徒指導を教育分野だけでなく、学習科学や哲学、心理学、人材開発やビジネススキルの領域などからも考えるようになりました。

私は生徒指導の分野において「どのような教育が必要なのか」という問いを立てて、

「横断的・総合的な探究活動」を続けています。自分だけでなく、他者と力を合わせることにより、さらに教育は良くなっていくことを実感させてもらいました。

後半部分の「実社会と自分自身との関係の中から問いを見出し、自分で課題を立て、情報を集め、整理・分析し、生徒指導に主体的・協働的に取り組み、それぞれの良さを活かしながら、新しい価値を創造し、より良い社会を作っていく。」という部分も教員にとって大事な要素が詰まっています。

社会の変化は止まることがありません。情報もSNSなどを通じて、簡単に入手・発信することができます。そのため、人的なネットワークを駆使して情報を得ることは非常に重要になってきています。

例えば、私は学校の生徒指導体制の見直しをする際には、他校の同期採用メンバーや近隣の学校の教員仲間と情報交換を行い、各学校の指導体制について、ヒアリングを実施しました。自分たちの学校で勤務しているだけでは得られない情報やデータを積極的に取りに行きました。また書籍や動画を参考にしたり、SNSで教育の専門家などの発信を定期的にチェックすることで、様々な情報をキャッチしてきました。

このようなヒアリングなどを含めた情報収集は、探究においては大事なスキルです。探究と同様に、情報の収集、分析、そして行動して検証していくこと、それを繰り返し行っていくことは、生徒と同様に教員にも必要であると私は思います。

また**社会の動向**をチェックすることも非常に有効な手段です。例えば、前述した2017年の大阪の黒染め強要訴訟や、2023年のコーンロウによって卒業式に参加させなかったことは、校則や頭髪指導と学習権の関係をどう考えるのかなど、かなり社会で注目を浴びた出来事となりました。また2018年に起こった東京都の公立小学校が有名ブランドの制服を採用したことも、同様に制服の意義や、学校にかかる教育費の問題などの話題に繋がりました。こういった出来事は、学校の当たり前を見直す良い材料になります。学校にまつわるニュースを見るだけでも、ヒントは多くあります。

自身の勤務校を比較する際には**他地域**や**他国の事例**を参考にすることも有効です。例えば、長野県の高校は制服よりも私服の高校の方が多くあります。制服の方が少数派のため、制服に対する考え方がかなり異なります。またアメリカなどでは、他者や校舎などを傷つけるなどの問題がある場合のみ指導となりますが、私服やアクセサリーなどは禁止されていない場合がほとんどです。この背景として宗教的多様性などがあります。文化的に差異がありますが、こういった事例は、私たちの凝り固まった考え方をほぐすことにとても有効です。様々な情報を集めることで、私たちもさらに視野が広がり、物事の解像度も上がっていくでしょう。

全国には、私以上に、学校種や職業、地域、年齢などの枠組みを超えて、熱心に学び続けている先生たちが本当にたくさんいます。そういった人たちと繋がり、教育を広く捉えていくことは、これからの教員には必要な力です。

学校が自分たちだけで終始してしまうと、学校はどんどん社会から取り残されてしまいます。現場の経験と勘だけで運営をしていては、学校現場はアップデートされずに置いていかれます。これからの時代にはこういった学び方が求められているのではないでしょうか。

なお、ここで提唱している「生徒支援」の考え方も、これまでの生徒指導の考え方を再構築したものだと私は考えています。生徒指導も転換期に差し掛かっています。私たちも既存の生徒指導の考え方に囚われ過ぎずに、生徒指導に何が必要なのかを見極め、何が生徒にとって最適なのかを探究していくことが求められていると言えるでしょう。

生徒の「ウェルビーイング」を目指す

これからの組織には、**「ウェルビーイング」**（well-being）が重要だと言われています。「ウェルビーイング」とは、「身体的・精神的・社会的に良い状態にあること」を指します。ウェルビーイングは、経済的な豊かさだけではなく、心の充足、生活への評価・感情・価値、健康までを含めて人々の幸せを包括的に考える「幸せの新しいものさし・コンセプト」と言うことができます。

教育分野では、不登校やいじめ、貧困など、コロナ禍や社会構造の変化を背景として子どもたちの抱える困難が多様化、複雑化する中で、一人一人のウェルビーイングを保つことが重要視されています。

ＯＥＣＤ（経済協力開発機構）は、現代の生徒が成長して、世界を切り拓いていくためには、必要な知識、スキル、態度・価値として**「ラーニング・コンパス（学びの羅針盤）2030」**を考案しました。

このラーニング・コンパスでも、生徒のエージェンシーの重要性を説くとともに、個人や社会のウェルビーイングの実現を目指して、私たちの望む未来に向けた方向性、複雑で不確かな世界を歩んでいくことの重要性を提示しています。

ここでも、これからの世界で求められるものの1つとして、ウェルビーイングが示されています。

学校はこれからの将来を担う若者たちの集う場です。社会の中でも特にウェルビーイングな状況になっていることが求められています。生徒たちのウェルビーイングを支えていくのは、間違いなく教員であり、学校です。

子どもたちは幸せに生きる大人たちの後ろ姿を見て、幸せに生きる力を身につけていきます。生徒たちは大人をよく見ています。教員は家族の次に関わる時間が多い大人と言っても過言ではないでしょう。高校3年間という短い期間ですが、生徒たちに誠実に関わり続けること、ウェルビーイングな状態を支えることは、私たちの大事な役割です。

生徒たちによっては、学業を続けることが難しく、早い段階で進路変更をすることもあります。それはもちろん個人の選択なので、良い悪いということではありません。しかし、そんな生徒たちにも「誠実に関わってくれる人たちがいるんだ」というメッセージを伝えられるのは高校教員の大事な役目です。

社会に出ていく生徒たちも、いずれは親になる可能性があります。自分の子どもが高校生になった時に、高校が自分の味方になってくれる教育機関だと思ってもらうためにも、私たちは努力を重ねていくことが大事です。

もちろん私たちも人間なので、失敗することもあります。しかし、素直に自分の非を認め、謝ることができたり、感謝することができることは、人としてとても大事なことです。組織論に詳しいダニエル・コイルによると「弱さの開示」ができる組織文化は、非常に重要な要素だと指摘しています。[vi] 私たちも一人の人間として、誠実に生徒たちと向き合っていくことが必要なのです。

生徒たちはそもそも「伸びる力」を持っています。それを対話によって活かしながら教育活動と結びつけていければ、どんどん生徒は成長していきます。生徒たちの伸びる力を対話によって解放することで、学校はさらに良くなっていきます。

生徒たちのウェルビーイングを保つことは、これからますます重要になっていくでしょう。

このように、生徒支援に必要な要素は、社会情勢を踏まえ、生徒と誠実に向き合い、一緒に試行錯誤しながら、社会をより良くしていくことだと私は考えています。生徒指導の領域は、まだまだ課題に溢れています。そのような中で、自分を見失わずに、生徒と向き合い、探究を続けることが求められているのではないでしょうか。

私自身も、学び続ける姿勢を忘れず、今後も試行錯誤を続けたいと思います。**私は、全国には、この本の読者の皆さんのように、学び続ける人たちがたくさんいることを知っています。**ぜひ、皆さんからも多くのことを学ばせてもらいたいと思います。共に、生徒を支援する教員として進んで行きましょう。

次章では、ここまでお話ししてきた「生徒支援」を進める上で、分掌としてどのような力が求められているか、私なりの見解をお話しさせていただきます。

Column

情報収集のヒント

探究のマインドを持って、ネットワークを駆使し、情報収集をすることは、これからの時代に非常に重要です。

しかし、この本を読んで、「自分にはなかなか難しい……」と思った方もいらっしゃるかもしれません。異業種の繋がりを作ることは、意識的に行わないとできないこともあるので、ハードルの高さを感じてしまう方もいらっしゃるでしょう。

ですが、ちょっとした意識で取り組める機会があります。例えば、①教員同期・元同僚、②部活顧問仲間、③研修、④学生時代の友人、⑤家族などとの対話です。順にお話しさせていただきます。

①教員同期・元同僚

教員同期や元同僚は、前述した通り、とても力になってくれることが多いです。研修や仕事を一緒にした仲間であれば、情報交換をしてきた経験があると思いますし、連絡先をお互いに知っていることも多いでしょう。学校に勤める仲間として、相談したり、学校状況について雑談程度にヒアリングしてみると、学びも多いので、おすすめです。

②部活動顧問仲間

部活動によっては、大会や練習試合などで他校の先生と話す機会があると思います。その際に部活動の話以外に学校についての話をすることも多いでしょう。そこで生徒指導体制のことを話題にしてみてはいかがでしょうか。部活動の顧問との関係は、部活だけでなく、それ以外のことにも活用できます。こういった繋がりを用いるのもおすすめです。

③研修

研修は、対話の機会に溢れています。法定研修や希望研修などで多くの先生に会います。教育委員会の指導主事や、他校の先生たちに対して、積極的に話を聞いてみることもおすすめです。きっと力になってくれると思います。

④学生時代の友人

学生時代の友人であれば、教員以外の職業の方もいるのではないでしょうか。民間企業などの人材育成などについて聞いてみると、思わぬヒントをもらうこともあります。学校の内情は機密事項の部分も多いので、注意は必要ですが、異業種間の情報交換の機会として役立てることも可能でしょう。

⑤家族

家族との対話はヒントが結構あります。家族の勤務先の人材育成体制について聞いたり、お子さんがいらっしゃれば、通学している学校の体制について知ることもできるでしょう。違う校種のことも知ることも可能で、情報収集にはおすすめです。こちらも同様に、機密事項には十分気をつけましょう。

このように、自分の周りの人との情報交換は意識をすれば、できることはきっとあります。私もこれらの機会を意識的に作って、情報収集をさせてもらっています。身近なところにヒントは転がっているので、それを役立ててみてはいかがでしょうか。

第4章

生徒を「支援」する分掌とは

この第4章では、生徒を支援する分掌とはどのようなものか、これからの時代に必要なマインド、求められるスキルなどについて、生徒支援の観点を踏まえながら、お話しさせていただきます。

民主的で対話的な組織

民主的な組織とは、前述した通り、関係する教員や生徒それぞれの人権を尊重し、それぞれの声には力があり、その力によって社会は良くすることができるというものです。そして、対話的な組織とは、それぞれの参加者が言いたいことを言えること、それをお互いに聞き合うことができ、より良いものを探究できる組織のこと、と私は定義をしています。

教員たちには、それぞれの見方・考え方、経験をもとに、多様な意見を持っています。こういったものを学校運営に活かすことはメンバーシップを向上させるためにも不可欠な要素です。民主的な運営をすることは、学校や社会をより良いものに変えていくことができます。民主主義は、現在の社会の根幹を成すシステムです。教員メンバーがそれぞれ大切にされることで、それぞれが担当する生徒や学校全体の教育力を上げていくことに繋がります。そのためにも、**気軽に意見を言い合えるフラットな組織体制を作っていくことが**

大事です。

民主的という観点は、**物事を進めていくプロセスにおいても非常に重要です。**分掌運営は、物事を決める際の進め方についても、開かれた状態であること、関係者の意見が反映されていることが重要です。一方的に決めて、会議で報告をするのではなく、アンケートなどをはじめとしたヒアリングの機会や、議論する余地があることなどは、組織の器を測る上で、とても大事であると私は考えています。

例えば、大きな変更がある場合は、分掌内だけで決めてしまっては、他の教員が意見を挟む余地がありません。私はそれを解決するために、一度、学年の会議で意見集約をしてもらって、改めて分掌でその意見を持ち寄るなど、関係者の意見を聞くプロセスを意識的に取り入れました。実際に、このプロセスで提案を進めたところ、学年から反対の意見が出てきたので、途中で断念した事柄もいくつかあります。そもそもこのプロセスを取らずに、分掌の決定であると押し通すこともできたかもしれませんが、それでは学校内に分断を生む可能性があります。それでは、最終的には先生たちの納得感を得ることはできないですし、ルールも形骸化する可能性が高いです。そのため、丁寧なプロセスを心掛けました。この進め方は、時間がかかります。会議は合理的に進めることも大事と言われていますが、私は丁寧に民主的なプロセスを取ることの方が上位目標であると考えました。

このプロセスで進めたことで、たとえ提案が通らなかったとしても良いと私は考えています。反対を受けたことで、私自身にとっても提案自体を見直す良い機会になりますし、別の方法を考えるチャンスをもらったと考えるようにしています。どこの学校でも、現行のルールや組織体制を変えたくないという主張の人は、先生にも、生徒にも一定数います。処罰を強化したり、もっと強く指導してほしいと言った声もあると思います。そういった様々な声も丁寧に聞く必要があります。それらは、全て尊重すべき意見です。

このようなプロセスを通じて、**私は先生たちの声を聞くことができました。先生たちの反対や懸念の声も、全体に通る機会にもなりました。**反対という声が通ることも、良い職場づくりには大事な要素です。関係部署を超えて、みんなで議論をする機会にもなりますし、学年での会議を挟むことで、分掌メンバーも自分の意見を言いやすくなります。先生たちの「言いにくいこと」も、こういったプロセスを経ることで、「言いやすいこと」に変わることがあるんです。こういったことには提案が通る以上の価値があるのではないでしょうか。自分の意見が通らなくても、職場全体の関係性が良くなれば、それには意味があります。生徒も教員も、それぞれの意見や感情は、大事にされていいんです。それが組織の文化になることとは、もっともっと大きな教育効果があると私は考えています。

心理学者のヴィゴツキーは**「発達の最近接領域」**という理論を唱えています。これは、人間のできることには、1人でできる領域と、誰かの力を借りなければ達成できない領域、いわゆる「成長の幅」があることを述べています。このような観点からも成長の幅を広げるためには、他者からの支援が必要不可欠です。他者との繋がりには、非常に大きな価値があります。

それぞれの先生たちの知見を借りると、自分では考えていなかった提案の穴に気づいたり、応援の声も知ることができます。私自身も、この機会を活かして、個別にアドバイスを貰いに行ったり、相談する機会を作ることもできました。提案がこのプロセスを経て、さらに洗練されて良くなることも多々あり、職場の先生たちのすごさを改めて知る機会にもなりました。

このようなプロセスを重視する進め方は、**組織としての信頼度の証にもなります**。民主的なプロセスを丁寧に進めていくことで、対話的な組織にも近づいていきます。それぞれの意見を聞く機会があれば、組織は自ずと対話的になっていきますし、対話的に進めようとすれば、民主的なプロセスは欠かせません。この2つの視点は、非常に相関性が高いです。職場の教育力を高める機会にもなりますし、生徒と日々接する先生たちの声を聞くことは、生徒たちの声を学校運営に取り入れていくことにも繋がります。

また民主的なプロセスは、いわゆる「ビジネス上の作法」としても非常に重要な視点だと思います。私も、職場の先輩たちに教えてもらい、それを見様見真似でやっていますが、物事を進める上で、民主的なプロセスは、教員としての「仕事ができるかどうかの尺度」としても機能します。このような運営方法は、私と先輩の関係と同様に、現在の若手後輩教員の手本となる可能性もあります。まだ私も探究の途中ではありますが、さらに学校を民主的で対話的な場にしたいと思っています。

このような運営は、生徒の支援だけでなく、職場の先生たちの支援をすることにも繋がります。先生たち1人ではできることは多くありません。みんなで助け合い、補い合うことで、できることは本当に増えていきます。学校には私たち教員だけでなく、SC・SSW、スクールロイヤーなど、頼もしい味方もいます。そういった人たちとの連携も深めながら、学校運営を進めていくことが必要なのではないでしょうか。

常に組織体制を見直していく姿勢

これからの組織運営には、**見直す（リフレクション）という営みが非常に重要です**。

教育学の領域では、教員が省察（せいさつ）的であるという点が重要だと考えられています。「省察」とは、ドナルド・A・ショーンが述べた**「省察的実践」**（refrective practitioner）という専門家の学びにおいて注目されている考え方です。

ショーンは、新しい状況と向き合う際に、その状況に応じた変化の中で継続した問題意識を持ち「過去の知・今の知・未来の知」を結び付けていくことができる人物を「省察的実践家」だと述べており、教員もそれを繰り返す専門家の1つであると定義しています。

私たち教員は日々、教育活動に携わっています。多様な生徒・教員が存在する学校の中で、様々な問題に対処しなければなりません。私たちも生徒と接する際には、組織としてこれまでの取り組み・現在生徒たちに起こっている問題・そしてこれから私たちはどのような生徒たちを育てる学校であるべきなのかという観点を結びつけています。

私たち教員は、様々な問題に向かう際に、省察的に物事を捉え、教育活動を行っています。そのためには、学校の過去の事例や、社会動向、自身のアイデンティティなどについ

会の中で、このような省察的な組織が必要であると私は考えています。変化の激しい社的であることは、個人としてももちろんですが、組織としても重要です。省察ら、その中で絶えず自身の行動を振り返り、検証していくことが求められています。学校の状況や生徒特性を考慮しながて、深く知ること、学び続けることが不可欠です。

を私は考えています。

またビジネス領域では、**「ダブルループ学習」**という理論があります。
ダブルループ学習とは、ハーバード大学名誉教授で経済理論家だったクリス・アージリスによって提唱された思考の1つです。

まず、ダブルループ学習の前に、基本となるシングルループ学習というものがあります。シングルループとは、PDCA（Plan：計画・Do：実行・Check：測定・Action：改善）などに基づく、課題を解決していくための単線的でシンプルなもので、学校だけでなく社会など多くの場面で用いられる考え方です。しかし、基本的で単純な考え方であるため、それ以上の効果はなかなか望めません。

そこで、必要とされるのは複線的にものごとを考えるダブルループ学習です。ダブルループ学習とは、私たちのメンタルモデル（既存の枠組みや前提）を疑い、深掘りして、新しい考え方を取り入れながら軌道修正する手法です。この理論を適応すると、生徒たちが問題行動を起こした場合、生徒自身の行動を問題だと捉えているのは、私たちがどのような価値観に基づいて判断しているのかなどと、考え方を深掘りすることができます。物事をさらに深く構造的に捉え、新たな視点を得ることも可能です。このダブルループ学習のように、絶えず自分たちの見方・考え方をチェックする仕組みは、強い組織には不可欠な要素です。

ここまでお話ししてきた通り、教員や学校には、構造上の問題が多くあります。これらのシステムや前提が問題を引き起こしていることに気づくことができれば、新しい解決アプローチを見出すことも可能です。生徒の問題行

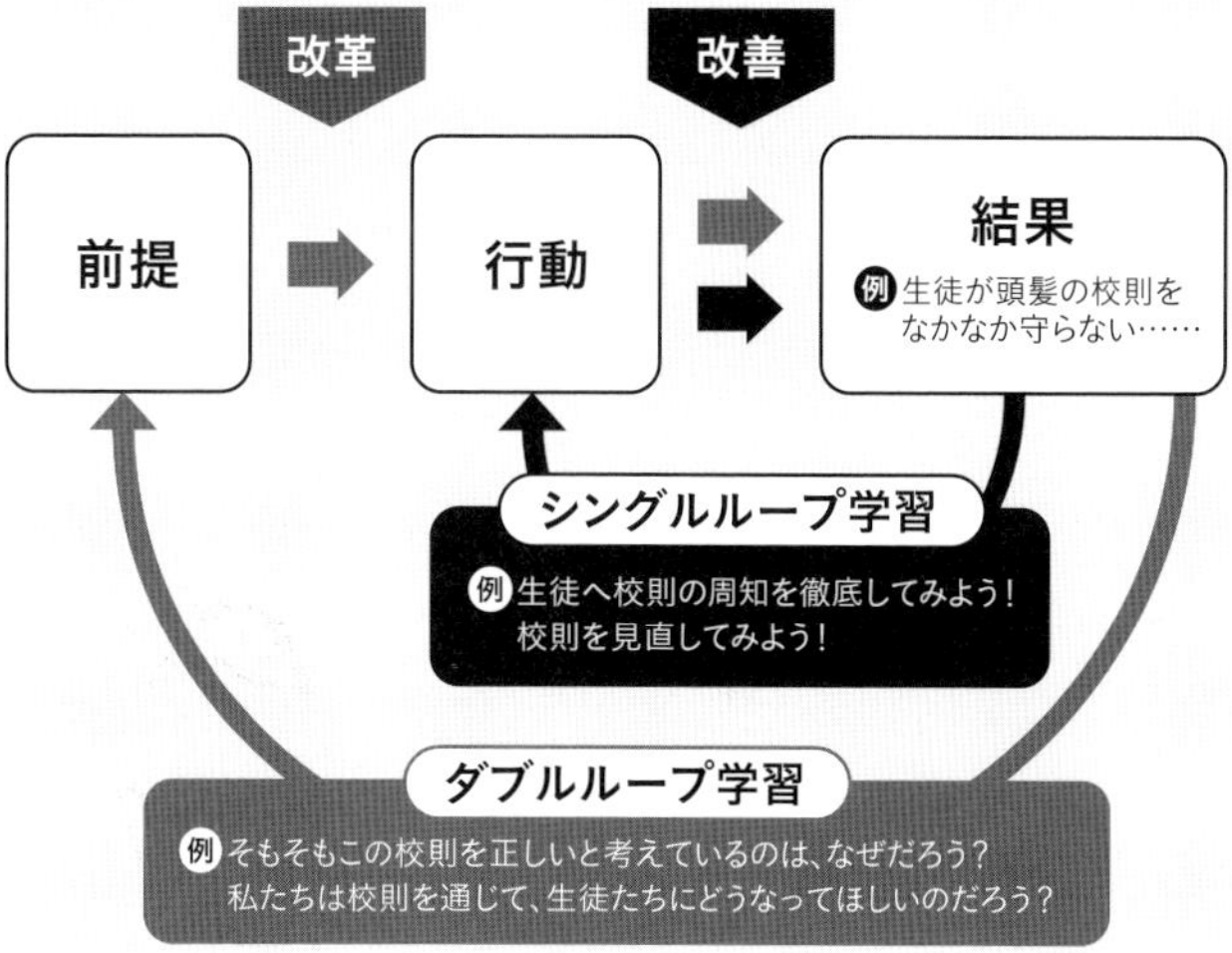

学校におけるダブルループ学習の一例

動の度に、私たちは自身を振り返ることができ、組織のアンラーニングにも繋がります。この価値はとても大きいのではないでしょうか。

教員が生徒の問題行動を自分たち自身の在り方や、物事の捉え方を絶えずチェックすることは、私たち自身のアイデンティティにも関わる重要な考え方です。

このような理論や事例などに当てはめると、教員や生徒へのアンケートなどを通じたヒアリングは、とても最適な方法だと言えます。また、年度の途中にヒアリングを実施して、議論の時間を確保することも、自分たちの活動を見直すために有効な方法です。

組織を絶えず見直していく取り組みは、変化の激しい時代に強く柔軟な組織になるために必要不可欠です。どんなスキルがあったとしても、これらの視点がなければ、組織は機能しません。絶えず自分たちの行動、そして組織体制を見直していく組織こそ、生徒を真に支援していく分掌なのだと私は考えています。

生徒の問題行動を「社会モデル」で考える

生徒の問題行動には様々な要因があります。生徒個人の特性以外にも、家庭や学校など環境的な要因が背景にあることも多いです。この要因を個人の責任だけに終始させず、社会や学校の指導体制など、私たち教員たちも含めて考えていくことが重要だと私は考えています。

特別支援教育などのインクルーシブ教育の領域で、**「社会モデル」**という考え方があります。社会モデルとは、個人に原因がある（個人モデル・医療モデルなどと呼びます）のではなく、マジョリティが作っている社会環境に原因があると考える視点です。例えば、社会モデルでは、車椅子の人が困難を抱えているのは、その人ではなくて、街中が段差ばかりである社会に課題があるという捉え方をします。自己責任論ではなく、社会や環境など構造的な問題にフォーカスする考え方です。

これを生徒指導にも応用すると、問題行動を起こすのは、**生徒個人の問題だけでなく、学校や教員の在り方に構造的な問題があるのかもしれないと捉えることができます**。この視点が、かなり大事だと私は考えています。

実際のところ、学校のルールが生徒を押さえつけて、信頼関係がそもそもない状態なので、問題が起こりやすくなっているという事例も数多くあるのではないでしょうか。生徒の実態に合わずに過度に管理的なルールに則って学校を運営していたら、当然教員と生徒の信頼関係が構築されることはありません。生徒の学校への不満も増大しますし、教員の疲弊も進んでしまいます。学校のクラスや部活、生徒指導の在り方などを、社会モデルの観点で見直すことは、生徒が安心安全に学校を過ごすことや、指導の件数を減らすこと、教員・生徒のウェルビーイング向上にも繋がる可能性があります。

例えば、次に示す事例も社会モデルでアプローチすることが可能です。

【学校における社会モデルによるアプローチの例】

・性の多様性を考慮して、ジェンダーフリーな制服にすることで登校のハードルを下げる。
・制服を標準服として式典のみの着用にして、私服でも登下校を可とすることで、自由に生徒が服装を選択できるようにする。
・防寒具の着用のルールを撤廃して、生徒が元々持っていたもので登下校できるようにし、経済的な負担を軽減する。
・スマートフォンを禁止せず、授業など日常的に学校でも扱えるようにして、どう使うかを教育活動に盛り込む。
・授業中の課題を達成すれば、どこで、誰とでも、どのように学んでも良い仕組みにして、生徒が自分のペースや、やりやすい方法で取り組めるようにする。

・遅刻する生徒を注意しつつも、生徒の家庭や生活状況を知るために、生活背景のアセスメントを行う。

この社会モデルの考え方は前述したポジティブ行動支援と同様に、個人にフォーカスするだけでなく、環境や社会など広い視点に着目します。環境や社会の在り方を変えていくことで、問題行動が発生しないようにすることもできます。校則などを見直し、問題行動が問題でなくなるようなルールを作ってしまえば、そもそもトラブルも減らすことも可能です。生徒の道徳心だけに訴えかけるのではなく、様々な状況を踏まえたアプローチは、今後かなり必要になってきています。

生徒指導の分掌もこの考え方は、非常に重要です。生徒たちが問題を起こした時に、それを「生徒たちの責任」だけと判断するのか、そうではなく「それを引き起こしている可能性が自分たちや学校にもないのか」と捉えるのでは、やはり対応策や、組織としての成長に差が出ます。

このような考え方を通じて、学校や社会の在り方、自分たちが生徒へ与えているメッセージに自覚的になることは、とても意味のあることだと言えるでしょう。

心理的安全性がある組織

組織の生産性や、良い仕事ができるチームとして機能することをビジネス領域では**「心理的安全性」**が高いと表現されるようになりました。これはハーバード大学教授のエイミー・C・エドモントソンが打ち出した概念で、近年、日本にも広まってきました。チームの心理的安全性とは、「チームの中で、対人関係におけるリスクをとっても大丈夫だ、というチームメンバーに共有される信念のこと」だと定義されています。

これをもとに組織などを研究している石井遼介氏らは、日本のチームの**心理的安全性の4つの因子（①話しやすさ・②助け合い・③挑戦・新奇歓迎）**を提示しています。この4つの要因に、今回本書で取り上げた取り組みを照らし合わせると、次の通りになります。

①話しやすさ	◎会議で原案作成前に意見集約の時間を取る ◎分掌だけでなく、学年での審議を挟む ◎新転任者などへのヒアリング
②助け合い	◎普段からの日常的な情報共有などで連携
③挑戦	◎講演会をパネルディスカッションへ ◎新たに生徒指導通信を発行 ◎行事の積極的な見直し ◎近隣の学校に先駆け、いち早く校則をホームページに公開
④新奇歓迎	◎「生徒支援部」への名称変更 ◎分掌メンバーから提案の自由化 ◎研修資料の回覧により情報を共有 ◎教員アンケートの実施

「4つの因子」に基づく新座高校での実践の分類

個人的には、①話しやすさ・②助け合いについては、達成できている学校も多いと思います。しかし、③挑戦・④新奇歓迎ができている分掌となると、その数はかなり減るのではないでしょうか。前年踏襲しかしておらず、自分たちにメスを入れなければ、③挑戦・④新奇歓迎は達成できません。思考停止状態の分掌運営では、学校の教育力は低下していく一方です。

生徒指導領域は、指導体制の変更によるリスクを恐れて保守的になりがちです。もちろんそういった方針を進める意義もありますが、社会情勢の変化にも疎くなりがちです。この心理的安全性の4つの要素の中でも、個人的には生徒指導領域においては、**③挑戦・④新奇歓迎**の要素をどのくらい意識できるかどうかが、組織としての柔軟性を決めていく指針になると思います。また石井氏は組織メンバーの裁量権の高さも心理的安全性の要素の1つとして挙げています。この点については、新座高校では提案の自由化やアンケートの実施などで、分掌メンバーにも裁量権があったので、先生たちのやりたいことも多少なりとも実現できたと感じています。

その他、プロジェクトアドベンチャーなどの体験学習で用いられている理論でも、組織や個人の挑戦の状態について測る尺度があります。

それは、**コンフォートゾーン・ストレッチゾーン・パニックゾーン**という3つの尺度です。コンフォートゾーン（comfort zone）とは、快適空間と呼ばれ、現在の能力で十分に対処できる領域のことを指します。ストレッチゾーン（stretch zone）とは、成長空間と呼ばれ、特に大事な領域です。ストレッチゾーンは、どうにか努力をすれば、達成できるような挑戦要素のある領域を意味します。パニックゾーン（panic zone）とは、緊張空間とも呼ばれ、自分の能力を遥かに超えてしまい、不安などに苛まれる領域を指します。挑戦には価値がありますが、無理は禁物です。パニックゾーンにいる状態では、必ず組織は崩壊します。かと言って、コンフォートゾーンにいたままでは、何も成長はありません。組織の状態などを鑑みながら、ストレッチゾーンやコンフォートゾーンを行き来できるような適切な舵取り、そして自分たちの位置を確認していくモニタリング機能が必要です。そして、ストレッチゾーンを広げていくことも組織の可能性を広げていく意味でも非常に重要です。

これらを達成するためには、前述した民主的な視点や、越境学習などの探究のマインドが必要です。組織として、成長していくためには、このように様々な視点を活かしながら分掌運営をしていくことが大事なのだと私は考えています。

生徒指導は、日常的に取り組まれる教育活動なので、職場の空気感を決める組織です。生徒指導の分掌が管理的で心理的安全性が低く、人の意見を聞かない組織だと、本当に職場は苦しくなりま

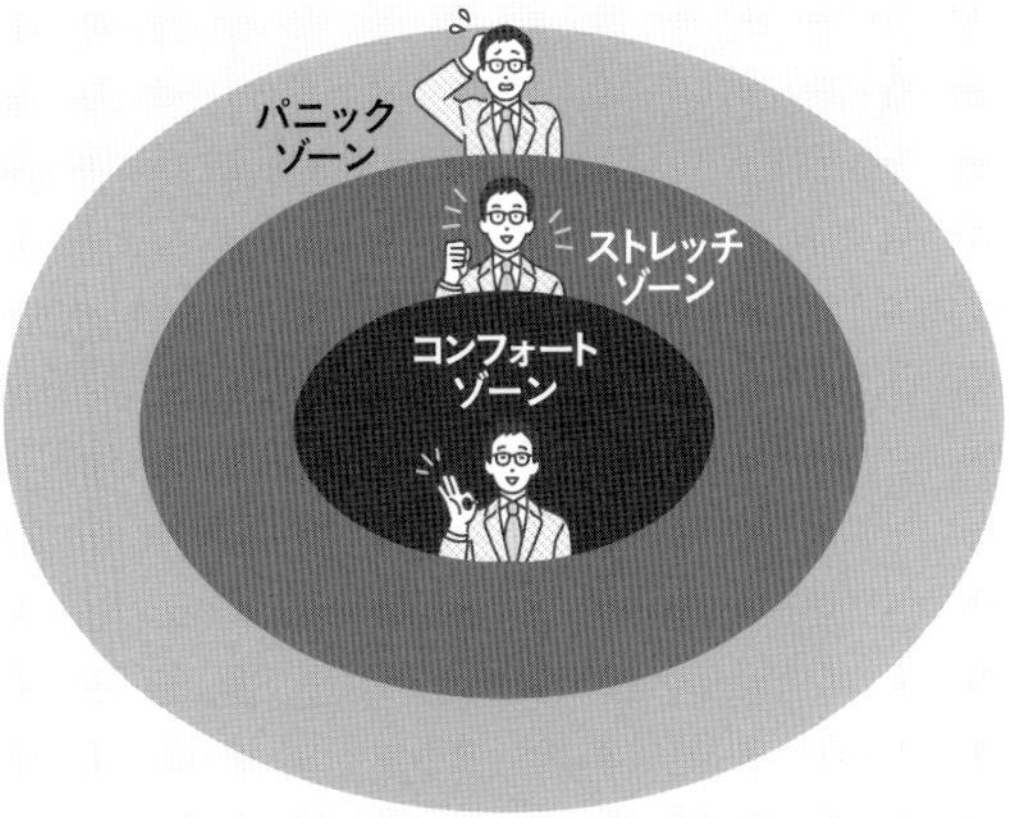

挑戦の状態を示す「3つの領域」

す。何を言っても変わらない組織は、やはりこれからの社会で取り残されていきますし、その空気は職場にも大きく伝染します。そのような状態では、生徒たちが安心・安全な環境の中で学校生活を送ることはできません。

生徒指導を生徒支援の方向に変えていくことは、職場全体の雰囲気、そして学校の教育力を高めることに間違いなく寄与します。**1つの分掌から学校を変えていくことも可能ですし、未来ある生徒たちに関わる組織として、社会をより良いものにしていくことも可能であると私は信じています。**生徒支援という分掌は社会をより良くしていくことができる可能性を秘めているのです。

ここで触れた取り組みは、もちろんまだまだ課題もありますし、私も探究の途中です。しかし、手前味噌かもしれませんが、勤務校の生徒支援部は、メンバーの裁量権も高く、心理的安全性も高い組織であると私は考えています。もちろん、このような組織にできたのは、私だけの力ではなく、分掌メンバーの努力や、生徒をそもそも支援していた学校の文化の影響が大きいです。こういった尺度を意識しながら進んでいくことは、これからの時代を進んでいく上で、1つの指針となるでしょう。

教員のウェルビーイングを目指す

教員がウェルビーイングな状態であることは、学校において非常に重要です。

先生たちは、今現在も現場で生徒のために努力をしています。先生たちは、刻一刻と変化する社会を生徒が生き抜くために、自身の持てる力の全てを使って教育活動に勤しんでいます。部活動であれば、土日なども含めて夜遅くまで行っていることもありますし、特に熱心な先生たちほど、自分のことを後回しにしていることも多いのが現状です。教育は、「将来への予習・予防」の役割を持っているので、ゴールがありません。そこが面白いところでもあり、苦しいところでもあります。その結果、生徒たちが十分に育っても、先生自身が疲弊してしまうことも多々あり、心身に支障をきたし、深刻な問題に繋がることもあります。それでは、持続可能な状態とは言えません。事実、教員の働き方改革はなかなか進んでおらず、健全な学校とは言えない状態が続いてきてしまいました。

これからの学校は**先生たちが健全な状態で、働ける環境づくりはマストです。**

国は、教育基本法に基づき、教育の総合計画である教育振興計画を定めています。20

23年6月に閣議決定された第4期教育振興基本計画にも教員のウェルビーイングは明記されています。そこでは、子どもたちのウェルビーイングを高めるためには、教員をはじめとする学校全体の心理的安全性・良好な労働環境・保護者や地域との信頼関係・子どもの成長実感などが重要な項目であると定義されています。

このように教員の働く環境の整備は必須です。特に放課後はとても忙しく、時間の確保が難しい状況です。会議や部活動などに加えて、特別指導などが多い学校では、生徒との教育相談や、指導などの関係で、かなりパツパツな状態になることが多くあります。

仕事を確保するために働き方改革は必要不可欠です。前述した放課後の見回り廃止などは、時間を生み出すために、非常に意義のある取り組みでした。教員の余白を生み出すことは、物理的な時間の確保にも繋がりますし、精神的な負荷の軽減にも繋がります。それらの時間を使って、フォローが必要な生徒との話もできますし、教員間の対話が生まれることもあります。教員のやりたいことを進める時間にもなりますし、ちょっとした休憩的な時間に使うことも可能です。このような働き方改革は、教員の**「働きがい改革」**にも繋がります。見直しを進めていくことは、教員や学校のウェルビーイングを向上させる重要な意味を持っています。

また現在の教育現場では、教員不足の影響が出ています。現状として、その年度をなんとか人をかき集めてやり過ごしている状態の学校もあります。職場には子育て世代も多く、時短勤務の教員もいます。当然、人事異動もあるため、継続的に学校が動き続けていくにしても、限界があります。学校を持続可能な状態にすることは、これからさらに難しくなることが予想されます。

このような中で、教員たちのウェルビーイングを高めていくためには、私たちは新転任者などに対しても、手厚いサポートが必要になってきています。

そこで、私は**各種のマニュアルなどの整備をかなり精力的に進めました**。業務に見通しを持つことは仕事を進めていく上で、必須条件です。それまで人の入れ替わりも多かったため、分掌の年間のスケジュールもなく、分掌のデータフォルダも未整理な状態でした。会議も口頭連絡が多く、なんとか教員たちの努力で学校が回っている状況でした。私はこれらの課題を解決するために、年間スケジュールを整え、マニュアルの整備なども精力的に進めました。先生たちは多忙なので、見通しを持つことは、仕事を進める上で必須条件です。その他の学校でもやっていることかもしれませんが、これらの誰でも取り組めるようにする環境整備や配慮は、これからの時代にはさらに大事になっていくでしょう。これらも学校の健全な運営、そしてウェルビーイング向上に繋がっていきます。

また、職場のウェルビーイングを高めるためには、関係部署との連携は必須です。校則見直しでも連携が不可欠な生徒会は、教員の下請け機関のようになってしまっていることも多々あります。**生徒会こそ、民主的な生徒の自治組織の筆頭**です。この生徒会の位置づけをより高めていくことは、さらに必要です。生徒の多様化により、特別支援の観点やSC・SSW・スクールロイヤーなどの専門職とのより良い連携も不可欠です。問題の複雑化が進んでいるため、学校内だけでなく、地域や警察、児童相談所などの外部機関や、家庭との関わりも避けては通れません。学校だけで解決することは今まで以上に困難になってきています。私たちには組織を超え、これらの問題に向かうことが求められていきます。

職場の先生たちのポテンシャルを発揮していくため、そしてウェルビーイングが維持されている職場を作っていくためにも、私たち教員のアップデートは必須です。**まずは、生徒指導体制の見直し、生徒指導から生徒支援への転換から、スタートしてみてはいかがでしょうか。それはきっと、より良い学校、社会を作るための第一歩になると私は信じています。**

Column

SNSを用いた情報収集

教育に関する情報収集をする手段は、前述した身近な知り合いとの対話が有効ですが、それ以外にも様々な方法で可能です。

例えば、SNSなどを活用した情報収集はいかがでしょうか。私が所属しているNPO法人School Voice Projectは、学校をよくするメディア「メガホン」というウェブサイトを持っています。そこでは、現職の教員たちにアンケートを取り、そのアンケート結果を記事としてまとめています。またイベントレポートや、解説記事なども充実しています。アンケートでは、教員不足の状況や、スクールカウンセラーの増加などをテーマにしているので、現場の実態を理解する上で活用できます。本書で触れた生徒指導提要が改定した際にも、このメガホンの解説記事を参考に職場に資料を共有しました。さらに有料のコミュニティではありますが、先生たちのサイト「エンタク」というサービスもあり、そこで勉強会や実践シェア会などの企画も開催されています。自身の教育観を見直したり、校種や地域を超えた繫がりを作ることも可能です。

また、認定NPO法人カタリバのみんなのルールメイキングでは、私は関東の地域パートナー・教員アンバサダーとして、ルールメイキングの普及活動や、関東の先生たちを対象としたコミュニティづくりやイベント運営を行っています。「ルールメイキング・パートナー」と呼ばれるグループもあり、そちらではルールメイキングや生徒指導・生徒会などに関する情報交換ができ、イベントなどにも参加することが可能です。こちらは現職の教員のコミュニティで無料なので、まずは登録をしてみてはいかがでしょうか。関東以外にも各地に地域パートナーが存在しており、各地でイベントも開催しています。そちらと繋がってみるのも、おすすめです。

その他、社会全体を見渡すと、教員のコミュニティや、教育情報を発信しているメディアなどは、近年かなり増加しています。有料のものもあれば、無料のものもあります。そういったメディアなどにアクセスして、情報を得ることは、今までよりも簡単になりました。SNSのアカウントもあるので、フォローしてみるのも良いでしょう。このような情報が自然と入る仕組みを構築することができれば、視野も広がりますし、現場にも還元できることは増えていくと思います。

気軽に情報を収集したり、可能な範囲で発信などをしていくと、できることも増えていきますし、自身の成長にも繋がります。ぜひ必要であれば役立てていただければと思います。

終わりに

生徒指導は転換期に差し掛かっています。現場では私たちの予想を超えるような複雑な問題が日々起こります。生徒も多様化し、教員の働く環境も大きく変化してきています。生徒指導提要に新たに盛り込まれた内容は、これらの転換期を端的に表しています。私たちも、その変化に対応をしなければいけません。様々なものを見直し、社会の変化に適応することが求められています。

今回お話ししてきた「生徒指導」から「生徒支援」への転換については、そのきっかけの１つになると私は信じています。生徒支援は、生徒指導の本来の意味に立ち返り、現場にフィットする考え方になると思います。本書の内容が、少しでも何か読者の皆さんの学びのきっかけになることを願っています。すでにこのような実践や、これ以上の取り組みをされている学校も多いと思います。ぜひご意見・ご感想もお待ちしております。また、もし私にお力添えできることがありましたら、気軽にご連絡いただけますと幸いです。私自身も今後、チャレンジを続けたいと思っていますので、よろしくお願い致します。

今回、私自身も初めての単著執筆となりました。自身のこれまでの活動を振り返る良い機会になり、とても学びに溢れるチャレンジとなりました。まだまだ課題だらけですし、進めた改革も正しかったのかどうかは、これからの私の頑張りにもかかっていると思います。まだまだ探究の途中ですので、これからも自分らしく精進を続けたいと思います。

本書の刊行にあたって、親身にサポートをしてくださった学事出版株式会社の星裕人さん、戸田幸子さん、有難うございました。お二人とのやり取りの中で、私自身も多くの学びを得ることができました。出版のプロから手厚くサポートを受けたことで、これからの教育活動にも多くのヒントを得られました。何から何まで、有難うございました。

また所属組織として日頃からお世話になっているNPO法人School Voice Projectの皆様、認定NPO法人カタリバみんなのルールメイキング関係の皆様にもお礼申し上げます。この2つの団体との関わりの中で、多くの知見を得ることができました。今後も団体に恩返しができるようにチャレンジを重ねていきたいと思っています。この2つの団体は、学ぶ仲間を募集していますので、興味を持った方がいらっしゃいましたら、ぜひ仲間になりませんか?　現場を大切にしながら、試行錯誤を重ねている素敵な方がたくさんいらっしゃるので、とてもおすすめです。ぜひ一緒に学びましょう。

そして勤務校である埼玉県立新座高校や、初任校であった埼玉県立蕨《わらび》高校でお世話になった皆様、そして私と関わりのあった生徒の皆さん、有難うございました。本書は、皆様と一緒に作った1冊だと思っています。皆様とのやり取りの中で、多くのことを学ばせてもらいました。まだまだ力不足でご迷惑をおかけすることばかりですが、本書に恥じない行動を取ることができるように、これからも努力を続けたいと思います。今後もどうぞよろしくお願い致します。

最後に、日々の生活を支えてくれている妻・息子をはじめとした家族に、最大の感謝の言葉を述べて、終わりの言葉とさせていただきます。

有難うございました。

2025年3月

逸見　峻介

参考文献一覧（著者 五十音順）

・阿形恒秀『教育臨床の視点に立った生徒指導（生徒指導研究のフロンティア）』（学事出版、２０２１年）
・新井肇 編著『「支える生徒指導」の始め方：「改訂・生徒指導提要」10の実践例』（教育開発研究所、２０２３年）
・内田良・山本宏樹 編著『だれが校則を決めるのか 民主主義と学校』（岩波書店、２０２２年）
・岡本茂樹『反省させると犯罪者になります』（新潮社、２０１３年）
・金子奨・高井良健一・木村優 編著『「協働の学び」が変えた学校 新座高校学校改革の10年』（大月書店、２０１８年）
・河崎仁志・斉藤ひでみ・内田良 編著『校則改革 理不尽な生徒指導に苦しむ教師たちの挑戦』（東洋館出版社、２０２１年）
・川原茂雄『子どもの権利条約と生徒指導』（明石書店、２０２３年）
・教育の未来を研究する会『最新教育動向２０２４』（明治図書出版、２０２３年）
・工藤勇一・苫野一徳『子どもたちに民主主義を教えよう』（あさま社、２０２２年）
・志水宏吉『教師の底力 社会派教師が未来を拓く』（学事出版、２０２１年）
・武田緑『読んで旅する、日本と世界の色とりどりの教育』（教育開発研究所、２０２１年）
・ダニエル・コイル『ＴＨＥ ＣＵＬＴＵＲＥ ＣＯＤＥ―カルチャーコード―最強チームをつくる方法』（かんき出版、２０１８年）

・ディアンヌ・A・クローン、ロバート・H・ホーナー『スクールワイドPBS：学校全体で取り組むポジティブな行動支援』（二瓶社、2013年）
・徳久治彦 編著『新しい時代の生徒指導を展望する（生徒指導研究のフロンティア）』（学事出版、2019年）
・ドナルド・A・ショーン『省察的実践とは何か』（鳳書房、2007年）
・苫野一徳 監修、古田雄一・認定NPO法人カタリバ 編著『校則が変わる、生徒が変わる、学校が変わる みんなのルールメイキングプロジェクト』（学事出版、2022年）
・中島晴美『ウェルビーイングな学校をつくる——子どもが毎日行きたい、先生が働きたいと思える学校へ』（教育開発研究所、2022年）
・中原淳『働く大人のための「学び」の教科書』（かんき出版、2018年）
・荻上チキ・内田良『ブラック校則 理不尽な苦しみの現実』（東洋館出版社、2018年）
・メリッサ・ストーモント他『いじめ、学力崩壊を激減させるポジティブ生徒指導（PBS）ガイドブック——期待行動を引き出すユニバーサルな支援』（明石書店、2016年）
・吉田順『生徒指導24の鉄則：事例から学ぶ』（学事出版、2000年）

注釈

i 川原茂雄『子どもの権利条約と生徒指導』（明石書店、2023年）。ここでも大学生に取ったアンケートで、生徒指導は問題行動などの特別指導のことのみを指しており、生徒指導の本質的な意味が理解されていないことが指摘されている。

ii 徳久治彦 編著『新しい時代の生徒指導を展望する（生徒指導研究のフロンティア）』（学事出版、2019年）。教師や生徒のミクロな相互作用が、学校のルールや雰囲気などのマクロな視点へと繋がっていくことが述べられている。

iii 金子奨・高井良健一・木村優 編著『「協働の学び」が変えた学校 新座高校学校改革の10年』（大月書店、2018年）。新座高校の授業研究会の開催経緯について詳しく書かれている。

iv メリッサ・ストーモント他『いじめ、学力崩壊を激減させるポジティブ生徒指導（PBS）ガイドブック—期待行動を引き出すユニバーサルな支援』（明石書店、2016年）。PBSではソーシャルスキルを教えることの重要性について述べられている。

v 岡本茂樹『反省させると犯罪者になります』（新潮社、2013年）。学校教育などで反省させた結果、抑圧された状態が続き、取り返しがつかなくなる事例を多数紹介している。

vi ダニエル・コイル『THE CULTURE CODE—カルチャーコード—最強チームをつくる方法』（かんき出版、2018年）。「安全な環境」・「弱さの開示」・「共通の目標」の3つの条件や、言語以外の安全なつながりを構築する態度がチームにプラスの影響を与えることを述べている。

著者プロフィール

逸見 峻介（へんみ しゅんすけ）

埼玉県公立高校地歴科教員。ワークショップデザイナー・NPO 法人 School Voice Project 理事・認定 NPO 法人カタリバ みんなのルールメイキング関東地域パートナー・教員アンバサダー。「人間っていいな！面白いな！」と思える人を増やすため、日々必死に生きている。2022年度には埼玉県立新座高校の生徒指導部主任として、民主的で対話的な組織を目指して指導体制の見直しを行い、「生徒支援部」へと改称する。教育に関する対話イベント「Open Education」主催。著作に『高校教師のための生徒指導・教育相談』シリーズ 3 作（共著・学事出版）などがある。

「生徒指導部」から「生徒支援部」へ
ぬくもりのある学校をめざして分掌からはじめる実践

2025年4月15日　初版第1刷発行

著　　者　逸見 峻介
発 行 人　鈴木 宣昭
発 行 所　学事出版株式会社
〒101-0051 東京都千代田区神田神保町1-2-5
TEL 03-3518-9655
https://www.gakuji.co.jp/
編集担当　星　裕人
デザイン　弾デザイン事務所
印刷・製本　電算印刷株式会社

ISBN 978-4-7619-3061-5　C3037　Printed in Japan